Autre ouvrage de Julien Bouchard
Aux éditions Trafford

Découvertes à travers la méditation

Méditation, une façon de vivre…

JULIEN BOUCHARD

Commandez ce livre en ligne à l'adresse suivante : www.trafford.com
ou par courriel à : orders@trafford.com

La plupart des titres de Trafford sont également disponibles chez les principaux
détaillants de livres en ligne.

Printed in the United States of America.

ISBN: 978-1-4669-1356-1 (sc)
ISBN: 978-1-4669-1355-4 (e)

Trafford rev. 03/12/2012

 www.trafford.com

North America & international
toll-free: 1 888 232 4444 (USA & Canada)
phone: 250 383 6864 ♦ fax: 812 355 4082

TABLE DES MATIÈRES

EXPÉRIENCES

PROBLÈMES

MOT DE LA FIN

BIBLIOGRAPHIE

Méditation, une façon de vivre . . .

Pour vous détendre,
réduire le stress,
améliorer votre concentration,
améliorer votre rendement,
accélérer votre guérison,
trouver réponse à vos questions,
connaître la paix,
centrer votre vie,
vivre harmonieusement,
vivre heureux avec vous-même
et les autres . . .

Julien Bouchard
Sherrington, Québec
Canada
julien@julienbouchard.com
www.julienbouchard.com

À Paramahansa le Kagyütpa

Au-delà du par-delà . . .

Le corps et l'esprit décontractés
Sans effort, souples comme nature
Briser le joug des pensées effrénées
Et s'apprêter à sauter le grand mur
Puis ouvrir les portes du vent
Sur lequel repose le rythme
Ouvrir ensuite les grands évents
Et pousser le souffle jusqu'aux tripes
Laisser l'air suivre son périple
Fixer le regard intérieur sur le néant
Épouser le silence sans réplique
Oublier le corps et écouter le présent
Maîtriser l'élan des pensées dynamiques
Percer le miroir du bruit latent
Pour atteindre le moment devenu unique
Qui permet de transcender le présent
L'absence de distractions à contretemps
La lumière de l'infini cosmique
La sagesse infinie dans le temps
Le moment à jamais devenu unique
Si du fond du vide sans distinction
L'esprit sans effort observe l'esprit
Si l'observé devient l'observateur averti
Il devient possible de toucher la libération

Julien Bouchard

GÉNÉRALITÉS

CE QU'EST LA MÉDITATION

> *Je dois utiliser la clairvoyance, les pouvoirs obtenus par la méditation, pour aider les êtres à comprendre MahaMudra.*
>
> *Garmapa Rangjang Dorje*

Les sages de tous les temps ont défini la pratique de la méditation de dizaines, voire de centaines de façons, toujours selon leur propre méthode ou école philosophique.

Mais après analyse de ces différents types ou méthodes de méditation on en déduit toujours qu'elle consiste en une seule et toujours similaire façon de faire, soit la *FIXATION DE L'ATTENTION SUR UNE SEULE CHOSE TOUT EN RESTANT ALERTE ET NE FAISANT ABSTRACTION DE RIEN*, la concentration de la conscience vers un seul but sans distraction tout en étant totalement alerte sans analyse, le pratiquant est observateur. Pour atteindre cet état le pratiquant peut utiliser différents outils, les uns se concentrent sur un son, une image, un objet, une pensée, une parole, la respiration, le vide, etc. Mais tous, grâce à ces différents exercices essaient de comprendre la nature des pensées et à développer une puissance d'attention suffisante pour, dans un premier temps, ignorer le processus d'émergence et d'immersion des pensées dû à la mécanique cérébrale et, dans un deuxième temps, dans un état de détente et de silence mental total prendre contact avec l'essence de l'être.

La méditation est un état dans lequel le pratiquant détendu de corps et d'esprit ne pense pas, ne réfléchit pas, n'analyse pas, il ne fait qu'observer sans définir quoi que ce soit. L'état de conscience et d'attention du pratiquant deviendra avec le temps total et sans faille.

La méditation permet à celui qui la pratique de découvrir un état unique dans notre univers bipolaire, soit une donnée stable, qui ne change jamais, ne se modifie jamais, ne s'altère jamais, ne vieillit jamais. Une chose stable et permanente qu'il est toujours possible de retrouver identique. *LE SILENCE, LE VIDE SANS DISTRACTION*. La méditation porteuse de silence intérieur devient un refuge contre la confusion, l'incertitude et la souffrance. C'est également une discipline qui permet de percer les secrets de l'être humain, de sa raison d'être et de son rôle dans le grand schème de la création.

Le silence du vide que permet de trouver la méditation est la seule chose qui ne change pas, ne se modifie pas, ne se transforme pas dans le monde de dualité (bipolaire) dans lequel nous vivons tous. C'est la seule donnée stable qui ne s'altère jamais. Le silence du vide est le même aujourd'hui qu'il sera demain, il était le même il y a mille ans qu'il sera

dans 10 000 ans. Toute autre chose en ce monde change et se transforme pour épouser un autre état. Nous naissons pour vieillir, nous bâtissons aujourd'hui pour voir nos créations se décomposer, se transformer puis disparaître. Nous comprenons ces états différemment selon la culture et la compréhension du moment, incluant l'interprétation de la méditation, mais le silence intérieur produit de la méditation, sera toujours le même pour tous.

La méditation aussi bien que ses résultats sont des expériences personnelles que seul le méditant peut saisir et comprendre. Seule l'expérience personnelle de la méditation en porte les fruits. L'expérience des autres dans ce domaine, tout aussi positive qu'elle puisse être, ne sert à rien à un tiers si ce n'est qu'au niveau information. L'expérience des autres ne peut rien vous apporter si ce n'est des conseils et le goût de méditer vous-même et ainsi de découvrir ce qu'il y a découvrir en vous à travers vos propres expériences.

La méditation est un processus de relaxation dans lequel la conscience du méditant et son attention sont totales, donc la danse incessante des pensées n'affecte plus le méditant. Les stimuli causés par les pensées s'étant évanouis le méditant repose dans un état de totale tranquillité mentale.

Tilopa, un grand sage indien qui vécut vers le 10ᵉ siècle, chantait les louanges du «MahaMudra», le Grand Symbole, une des plus anciennes et plus pures formes de méditation qui aurait été énoncée par un sage Indien du nom de Saraha dès le premier siècle avant J.-C. et affirmait qu'à cette époque le Grand Symbole était déjà très ancien. Il est dit qu'il remonterait à Siddharta Gautama lui-même vers 566 avant J.-C. et même avant? Cette technique de méditation se pratique encore aujourd'hui en Orient et en Occident par les adeptes Kagyütpa.

«Ne fais rien d'autre que de détendre ton corps, ne parle pas, ne prie pas, reste silencieux, vide ton esprit de pensées et ne pense à rien, contemple le vide. Tout comme l'herbe qui fléchit sous le vent, laisse ton corps se reposer. MahaMudra est comme un esprit qui ne s'attarde sur rien et ne s'attache à rien. En pratiquant ainsi, avec le temps, tu atteindras la sagesse . . . »

Après 2 500 ans ces paroles sont aussi d'actualité que le dernier gadget électronique qu'on vient de lancer sur le marché.

CE QUE N'EST PAS LA MÉDITATION

Les gens ont tendance à essayer d'interpréter, de comprendre ce qui est en dehors de leurs champs d'expérience, et cela est tout à fait normal. Il est de la nature de l'homme de cataloguer les choses, de les mettre dans de petits compartiments afin qu'il se sente en contrôle de ce qui l'entoure. Sinon il se croit inadéquat et vulnérable face à ce qu'il n'a pas parfaitement identifié et classé dans ses archives cérébrales.

Il en va de même pour la méditation qui a été analysée, soupesée et cataloguée de milliers de façons, et la raison de ce court chapitre est de m'assurer que vous sachiez que la méditation n'est pas quelques interprétations plus ou moins douteuses de ce qu'elle peut être.

Donc, la méditation n'est pas réflexion. La méditation n'est pas détente mentale, ni autosuggestion et encore moins un état de rêverie, de demi-sommeil ou d'hypnose.

La méditation n'est pas une religion, ni une secte !

LES FONDATIONS DE LA MÉDITATION

> *«Chaque homme est sa propre prison. Mais chaque homme peut aussi acquérir le pouvoir de s'en évader…»*
>
> Siddharta Gautama Bouddha

La méditation remonte à l'aube de l'humanité et bien avant la naissance de Siddhartha Gautama (Bouddha) qui est né vers 566 avant J.-C en Inde.

La méditation apparut le jour où une personne, pour la première fois, prit conscience que la souffrance qu'elle ressentait s'apaisait quand elle arrêtait d'y penser. Elle réalisa par la suite que chaque fois qu'elle établissait le silence intérieur, qu'elle ne se laissait plus influencer par le processus bruyant des pensées qui se chevauchent sans cesse, et cela même pendant seulement quelques instants, elle ressentait une paix et un calme inégalables autrement. Elle sortait de cet état rassérénée et moins affectée par la cause de sa souffrance qu'elle pouvait reléguer au second plan. C'est à partir de cette bouleversante découverte que les maîtres qui l'ont précédé et Siddhartha Gautama par la suite ont élaboré et prêché au monde les quatre grandes vérités suivantes :

1. LA VIE MÈNE INÉVITABLEMENT À LA SOUFFRANCE

> *La première noble vérité sur la douleur*
>
> «*La naissance est douleur, la vieillesse est douleur, la maladie est douleur, la mort est douleur, être uni à ce que l'on n'aime pas est douleur, être séparé de ce que l'on aime est douleur, ne pas réaliser ce que l'on désire est douleur, tout est douleur.*»
>
> *Bouddha*

La vie ne peut exister sans désir, toutes les formes de vie et de conscience ne peuvent exister que par le désir. Rien ne peut exister si le désir de l'existence n'est pas présent. Donc notre vie est basée sur le désir (vouloir) et il est possible que le désir quel qu'il soit ne soit pas comblé (donc peine, malheur/souffrance). Nous désirons également conserver ce que nous avons acquis (désir de conserver), et cela aussi nous pouvons le perdre (donc peine et souffrance). Toute forme de malheur repose sur ces deux possibilités, le désir d'acquérir ce que nous désirons et le désir de conserver ce que nous avons acquis.

2. LA SOUFFRANCE PREND SA SOURCE DANS LE DÉSIR

> *Deuxième noble vérité sur la cause de la douleur*
>
> «*Le désir qui produit la ré-existence et le redevenir, qui est lié à une avidité passionnée et qui trouve une nouvelle jouissance, tantôt ici, tantôt là, c'est-à-dire la soif des plaisirs des sens, la soif de l'existence et du devenir, et la soif de la non-existence.*»
>
> *Bouddha*

Nos vies entières sont basées sur deux facteurs fondamentaux, le gain et la perte. Il y a d'abord le désir de vivre, puis de posséder, ensuite de ne pas perdre ce que nous avons acquis, et de ne pas perdre la vie. *La souffrance se résume à ne pas pouvoir acquérir ce que nous désirons et à perdre ce que nous avons acquis.* Et, ce que nous appelons le bonheur bien sûr est l'inverse, soit acquérir ce que nous désirons et garder ce que nous avons acquis.

3. IL EST POSSIBLE D'ÉVITER LA SOUFFRANCE EN ÉLIMINANT LE DÉSIR

Troisième noble vérité sur la cessation de la douleur

«La cessation complète de cette soif, la délaisser, y renoncer, s'en libérer, s'en détacher.»

Bouddha

La personne qui ne désire rien, qui ne veut rien acquérir, ne peut rien perdre, il n'y a donc pas de désir à combler dans un sens comme dans l'autre. Il n'y a rien à gagner et rien à perdre.

Cette position est très dramatique pour les gens d'une époque où le pseudo bonheur est basé presque uniquement sur la possession de biens. Cette formule peut être adoucie comme suit : *«Il est possible de diminuer la souffrance en diminuant le désir d'obtenir ou de posséder.»*

Le désir prend la forme d'un grand seau troué qu'il faut continuellement remplir. On remplit le seau de nos désirs de toutes les choses qui, croyons-nous, nous apporteront le bonheur, et avec le temps, plus ou moins long, nous nous fatiguons de nos acquisitions, le seau se vide et de nouveaux désirs se forment que nous croyons devoir combler encore pour atteindre le bonheur. Quand il n'y a pas de désir, il n'y a pas de seau à remplir. Quand le désir est moins important le seau est moins grand et il se vide plus lentement.

Mais éliminer le désir ne veut pas nécessairement dire que nous ne devons plus rien posséder, au contraire. Cela veut dire que nous pouvons posséder tout ce que nous voulons **SANS Y ÊTRE ATTACHÉ**. Là est toute la différence.

Le bonheur ultime réside dans le fait de reconnaître les faits mentionnés ci-dessus, dans la prise de conscience qu'il est impossible d'obtenir tout ce que nous désirons et de conserver tout ce que nous voulons garder. Le seul fait d'être conscient que nous ne pouvons pas obtenir tout ce que nous voulons et conserver tout ce nous avons gagné permet de prendre un certain recul face aux gains et aux pertes auxquels la vie nous soumet.

La méditation permet de réaliser que le bonheur et la paix intérieure ne résident pas dans les choses extérieures mais bien dans ce que nous vivons intérieurement.

4. LA MÉDITATION PEUT TRANSCENDER LE DÉSIR

> *Quatrième noble vérité sur le chemin qui conduit à la cessation de la douleur*
>
> *«La compréhension juste, la pensée juste, la parole juste, l'action juste, le moyen d'existence juste, l'effort juste, l'attention juste et la concentration juste.»*
>
> *Bouddha*

La méditation est un outil qui nous offre la possibilité de ne plus être affecté par nos pensées, et dans le silence intérieur elle permet de prendre conscience de l'impermanence des choses du monde matériel et de comprendre que tout a un début et une fin. Donc tout ce qui commence à un certain moment se terminera un jour. Tout ce qui est malheur (douleur, souffrance) se terminera à un moment ou l'autre, tout ce qui est bonheur (joie) prendra également fin quand le moment viendra. Nous perdrons ce que nous avons acquis à un moment ou un autre dans le futur, que ce soit les biens, les êtres aimés, la vie, etc. et nous serons malheureux selon notre degré de désir de conserver l'acquis. La souffrance n'est en fait que le degré d'importance que nous donnons aux êtres, aux choses que nous voulons acquérir ou que nous perdons. La méditation permet de réaliser que le vrai bonheur ne réside pas dans les choses matérielles, mais à l'intérieur de nous et dans le regard que nous jetons sur le monde extérieur. Rien ne sert de conquérir le monde si tu perds ton âme, dit l'adage.

La méditation est le tremplin de la recherche de celui qui veut se connaître physiquement, mentalement et spirituellement dans le but de mieux comprendre les raisons d'être de la vie, et de la création en général. Elle permet également de mieux communiquer et donc de mieux s'intégrer à l'univers dans lequel nous vivons.

La méditation est cet élément qui permet de transcender ce qui nous semble tellement solide et important pour le remplacer par ce qui est de moindre consistance et pourtant plus important pour la sérénité des êtres humains.

Finalement celui qui pratique la méditation trouvera le bonheur (harmonie) intérieur, celui qui ne flétrit pas, le seul bonheur stable qui dure indéfiniment.

Quand on s'arrête un moment à analyser le cycle de la vie il nous est possible de saisir le sens de tout ce qui s'imbrique l'un dans l'autre. Il nous faut cesser de séparer les choses qui composent notre monde, il nous faut plutôt les considérer comme les pièces différentes d'un même casse-tête. Rien n'est étranger, rien n'est réellement différent, tout se tient, tout se soutient, tout n'est en fait que les différentes facettes d'une seule et même scène qui se joue au théâtre de la vie dualiste.

Nous naissons pour mourir, nous formons des unions qui se briseront, nous créons des enfants qui nous quitteront, nous sommes en santé et deviendrons malades, nous obtenons des biens que nous perdrons, nous sommes jeunes et nous vieillirons. Et rien ne peut altérer cela, ce sont les lignes directrices de la vie et rien ne peut changer cela. Nous vivrons tous à un moment ou un autre ces diverses péripéties qui nous apporteront la souffrance.

Cycle de vie

Mais nous vivrons également toutes ces diverses étapes dans le sens inverse, c'est-à-dire que ces étapes nous apporteront toutes leurs parcelles de bonheur qui plus ou moins lentement s'effriteront pour nous laisser naufragés face à la misère et à la souffrance selon le degré de notre désir de ne pas perdre ce que nous croyons nôtre pour toujours.

MALHEUR

> *«La confusion est l'état de ce qui est mélangé, impossible à définir.»*
>
> *Précepte de la méditation*

CONFUSION

La confusion est une autre forme de malheur ou de souffrance. Tous les êtres humains souffrent de confusion à des niveaux plus ou moins élevés. Une personne devient confuse quand elle ne peut pas contrôler l'invasion de son espace intérieur par des milliers de pensées qui semblent venir de nulle part.

Tous les humains sont soumis à cette intrusion qui débute dès la naissance (et même avant) pour se poursuivre toute la vie. Et le degré de confusion d'un être face à la vie dépend de sa capacité à isoler ses pensées et à les traiter selon leur degré d'importance.

Combien de personnes souffrent d'insomnie parce qu'elles ne peuvent maîtriser le flux de ces images mentales qui les assaillent, et encore plus intensément la nuit venue? Celui qui se laisse totalement envahir par ses pensées, vit dans la confusion la plus totale. De là découlent l'instabilité, l'insécurité, le tourment, la peine, l'incompréhension, la maladie, etc.

Il n'existe qu'un seul moyen connu de maîtriser cette confusion et de connaître l'harmonie, le calme, la paix, la sérénité. Il faut fixer l'attention sur un seul point, objet, son, respiration, etc. en faisant abstraction de tout autre facteur. Cet exercice s'appelle méditation ou la capacité d'ignorer et de ne pas être affecté par le processus de la pensée.

L'art de la méditation permet de faire abstraction de l'émergence et de l'immersion des pensées et de se concentrer sur un seul point d'attention en faisant abstraction de tout autre. La pratique de la méditation permet de ne plus être affecté par l'attaque des pensées sur l'équilibre mental de l'être et de vivre en harmonie avec le monde intérieur et extérieur.

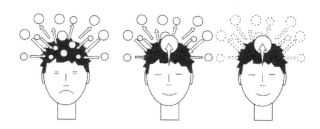

Nous, ce que nous appelons personnes normales, sommes tous plus ou moins constamment assaillis par nos pensées et images mentales, donc un état de relative confusion. On voit ce jeune homme ci-dessus à gauche assailli de tous les côtés par ces petites balles blanches qui représentent les pensées. Certaines sont en émergence d'autres en immersion. Nous n'avons qu'à fermer les yeux un instant en essayant de garder le silence intérieur pour vivre une expérience très similaire à cette illustration. Dès que nous jetons un coup d'œil à l'intérieur de nous-mêmes, nous nous rendons compte de cette invasion constante de notre conscience par les pensées qui semblent venir de nulle part. En fait elles proviennent, ces pensées, du travail bioélectrique qui prend place dans notre cerveau. L'influx d'énergie bioélectrique déclenche des réactions cérébrales qui font apparaître et disparaître des images ou des pensées. Tous nos souvenirs, toutes nos expériences sont emmagasinés dans nos neurones qui, si activés, déclenchent des images ou des pensées plus ou moins réalistes d'ailleurs. Durant le jour notre cerveau a la capacité d'interpréter et de nous livrer des images et pensées plus ou moins cohérentes, mais au cours de la nuit, le même processus se poursuit et crée nos rêves qui nous semblent tellement irréels au réveil. Ils sont irréels parce que la partie cohérente, analytique du cerveau est à l'état de repos pendant le sommeil. Nous visualisons donc tout un théâtre souvent peu plausible qui est pourtant relié à nos actions présentes ou passées. Pendant nos périodes de veille le flux est tellement intense que nous nous identifions à cet ensemble de pensées en émergence et en immersion dans notre tête. Nous nous identifions à cet ensemble de pensées, nous croyons être cet ensemble de pensées alors qu'en réalité nous en sommes l'essence. Nous sommes la source-pensée de tout ce qui existe.

Mais revenons à notre illustration ci-dessus, le personnage du centre est lui aussi sous attaque intense de ses pensées vagabondes mais son attention est concentrée sur un seul point (qui peut être son souffle (prâna), une image, un point, une parole (mantra), etc.) représentée ici par la flèche devant une cercle blanc plus gros que les autres. Le flux de pensées est toujours présent mais il affecte beaucoup moins le personnage. En méditation nous fixons notre attention sur un point, la respiration, une parole ou une chose à l'exclusion de toute autre, ce point est donc prioritaire et toute autre demande (pensée) devient secondaire, les pensées sont donc relayées à l'arrière-plan et avec le temps le pratiquant ressemblera au personnage de droite qui est tellement concentré sur son point d'observation qu'il est capable de faire abstraction complète de la présence du flux de pensées qui pourtant existe toujours et poursuit sa course.

Dans cet état, la paix prend la place de l'interminable dance des pensées. Dans cet état, l'être prend ses distances à l'égard des choses de la vie qui troublent son harmonie intérieure. Dans cet état, l'être repose dans un état naturel et expérimente un calme intérieur pratiquement inconnu des gens en général, un état de conscience et d'harmonie jusqu'à maintenant inconnu.

Nous venons de voir les trois étapes du passage de la confusion à l'harmonie et au contrôle.

DÉSESPOIR

> «*Un pratiquant démontre de la faiblesse quand il permet à son intellect d'être obsédé par les pensées de ce monde.*»
>
> *Précepte de la méditation*

Quand la confusion devient intenable, une personne devient obsessive, il lui semble alors ne plus avoir de contrôle sur sa vie et son environnement.

Sans contrôle une personne est l'esclave de l'interminable procession des pensées qui dictent leurs objectifs. Si ces objectifs sont inatteignables pour la personne, alors s'installent la confusion et le désespoir.

Le désespoir survient quand une personne réalise qu'elle n'a plus de levier sur son environnement ou n'a plus la capacité de changer le parcours de sa vie et bientôt la charge émotive est tellement lourde qu'elle ne peut plus entrevoir la possibilité d'intervenir sur son propre sort. Elle est tellement obnubilée par cette charge émotive qu'il lui est impossible de croire qu'elle puisse prendre action pour solutionner ses problèmes. Selon elle, selon sa compréhension de la situation il n'y a désormais plus de solution, elle est acculée au mur de la vie.

Ne pouvant plus agir sur son monde extérieur, ne pouvant plus changer, modifier ce qui ne va pas, il ne lui reste que son corps et dans un geste final elle agit sur cette dernière chose qu'il lui est encore possible d'altérer. Le suicide est en fait le dernier geste, la dernière action, qu'une personne se croit encore capable d'accomplir. Dans le désespoir le plus profond une personne qui se croit incapable de détruire la source de la souffrance détruit celui qui souffre dans cette dernière tentative d'annuler la souffrance.

La pratique de la méditation, en fixant l'attention ailleurs que sur les problèmes, permet de réduire la charge émotive et donc la confusion et permet de prendre les actions nécessaires pour redevenir harmonieux. La méditation est un temps d'arrêt, un moment de repos mental dans la vie trépidante de tous les jours. Elle permet de prendre du recul et de ne pas se laisser submerger par les tracas dont la vie ne cesse de nous asperger. Dès lors la personne qui pratique la méditation peut regarder et analyser ses problèmes plus clairement et ainsi prendre les actions nécessaires pour les solutionner.

NATURE DE L'ÊTRE HUMAIN

L'ÉVOLUTION DE L'ÊTRE HUMAIN

> *«L'être humain est le seul animal qui semble avoir la faculté de reconnaître sa nature spirituelle.»*
>
> *Paramahansa le Kagyütpa*

L'énergie serait l'élément de base qui constitue toute matière incluant les êtres vivants, dont l'être humain. Les plus grands physiciens déclarent que lorsqu'ils fragmentent l'atome et ses composants, vient un moment au cours duquel la matière-énergie se comporte comme la pensée. Que les composants sont là un moment pour disparaître ensuite soudainement et ne semblent exister ou épouser une polarité qu'en présence d'un observateur. La physique quantique reposerait-elle donc sur la pensée de ceux qui l'observent?

Les composants de l'atome, constituants de toute matière seraient pensées, la matière même serait pensées et finalement les êtres vivants seraient pensées, incluant l'humain. Voilà une théorie intéressante et qui pourrait expliquer bien des mystères de la vie. Entre autres, il devient possible d'énumérer les différentes étapes du cheminement évolutif de l'être humain : pensée, énergie, atome, poussière, matière inerte (planètes), matière vivante soit végétale et animale dont l'homme qui le moment venu réalise sa place dans la grande machine cosmique et retourne progressivement à l'essence primordiale, la pensée. La boucle alors se referme, l'être humain vibre d'instant en instant à une octave plus élevée dans la grande symphonie de la pensée primordiale et de la création.

L'être humain dans sa totalité ne semble pas évoluer ou changer avec le temps. Cela est dû au fait que nous sommes tous arrêtés dans le temps. Pour nous quelques décennies ou siècles représentent des éternités qui à l'échelle de l'univers ne sont que fluctuations momentanées de l'espace-temps. Quelques microsecondes au niveau de l'univers se transforment en millénaires pour nous humbles humains.

Donc, la masse des êtres à nos yeux n'évolue pas si nous nous penchons sur le passé et tentons de voir la différence évolutive entre l'homme d'aujourd'hui et celui d'il y a 2 000 ans par exemple. Pas de changement marquant, les hommes se tuaient mutuellement alors et ils le font encore aujourd'hui. L'homme détruisait son environnement alors avec les moyens qu'il avait et il fait de même aujourd'hui avec les moyens actuels qu'il possède. Donc l'homme n'a pas changé, si ce n'est dans son dehors, dans sa technique et son évolution matérielle, mais intérieurement rien de remarquable.

Mais il est clair qu'au niveau individuel, chacun d'entre nous pouvons à notre niveau changer, nous transformer, analyser et comprendre, changer de comportement et arriver à connaître ce qui est secret et inaccessible à la plupart des êtres qui cheminent sur cette planète, mais qui poursuivent leur cheminement dans le brouhaha des pensées, qui dans leur intensité, sont créatrices de confusion et de souffrance.

<u>Tout commence par le questionnement</u>. En l'absence de questionnement, il ne peut y avoir de changement, de modification ou de transformation de l'être humain. Si je crois déjà tout connaître, si je crois posséder la vérité même, il m'est impossible d'apprendre quelque chose de nouveau, de me questionner moi-même et mon environnement. Mais si je me questionne sur mon comportement et sur mon savoir il est alors possible d'évoluer dans une vie au-delà de la compréhension humaine en générale.

Quand il y a questionnement il y a possibilité d'évolution accélérée de la compréhension de l'être humain et de l'environnement dans lequel il vit.

Nous sommes tous très critiques des actions, décisions des autres mais très tolérants et compréhensifs pour ce qui est des nôtres. La prochaine fois que vous critiquerez quelqu'un, quand vous arriverez à la fin de votre critique ajoutez cette expression : « oui, mais moi, qu'aurais-je fait différemment? » et tentez de répondre à cette simple question. Votre tentative de répondre à cette question vous placera dans les souliers de la personne que vous critiquiez il y a quelques minutes. Il y a beaucoup à apprendre avec cette très simple méthode.

LE CORPS

> «*Notre corps étant illusoire et transitoire, il est inutile de lui accorder trop d'importance.*»
>
> *Précepte de la méditation*

Les composants atomiques dont nous avons discuté ci-dessus sont regroupés en agrégats génétiques, dont est constitué le corps humain comme toute autre forme de vie, ils ont migré d'un être à un autre depuis la naissance de la vie sur notre planète. Nous sommes le résultat d'une quasi infinie chaîne évolutive. Nous avons retenu certaines caractéristiques de nos ancêtres marins d'il y a plusieurs millions d'années tandis que nous en avons rejeté d'autres, et c'est ce qui fait ce que nous sommes biologiquement aujourd'hui. En tant qu'êtres humains, nous représentons la résultante du mélange génétique de notre père et de notre mère, qui chacun d'eux transportaient les gènes de leur père et mère respectifs et nous pourrions remonter ainsi jusqu'à l'aube de la vie dans l'univers. Toute vie terrestre repose sur la même fondation génétique, nous provenons tous d'une même souche. Les êtres humains sont tous physiquement différents et pourtant tous similaires de par leur bagage génétique.

L'ensemble des agrégats biologiques qui forment un être en déterminent ses différentes caractéristiques physiques. En cette époque de cartographie du génome humain et de diverses espèces animales, de recherches génétiques permettant de reconnaître les tendances maladives des êtres par l'analyse et le séquençage des gènes de populations cibles, nous sommes forcés de reconnaître notre provenance, nos racines. Il n'est plus possible d'ignorer ce que nous sommes vraiment.

Nous ne sommes en fait qu'assemblages d'assemblages de différents gènes glanés au cours des millénaires de notre existence en ce monde. Toutes ces tendances, génétiques ou autres, forment le corps humain et influencent le mental ou les agrégats intellectuels qui forment ce que nous appelons l'être humain.

LE MENTAL

> *«Différer de la multitude en pensées et en actions est le signe d'un être supérieur.»*
>
> *Précepte de la méditation*

Le corps incluant le cerveau se compose d'agrégats génétiques, mais le mental qui n'est autre que le travail interrelationnel entre les différents composants biologiques du cerveau, n'est autre que le bagage intellectuel d'un être formé de différents agrégats qui proviennent de l'analyse qu'effectue le cerveau des différents stimuli qu'il expérimente à chaque instant de son existence. Le bagage intellectuel (mental) de l'être humain, la conscience de soi, prend sa source dans le cerveau, qui n'est rien d'autre qu'une machine analytique dotée d'une base de données (capacité de mémorisation et de stockage) qui fait bien sûr pâlir nos ordinateurs les plus modernes. Le cerveau reçoit des messages des différents senseurs (yeux, oreilles, nez, doigts, langue, peau, etc.), il les analyse et les classifie par ordre d'importance face à la survie et au bien-être de l'être porteur (l'être dans son entier). L'humain conserve une mémoire génétique provenant de ses géniteurs. Ce bagage mental comprend également toutes les connaissances pratiques et théoriques d'une personne, incluant celles acquises pendant les conversations et tous les rapports sociaux ou autres qui constituent la vie d'un être humain.

Le logicien français Jean-Louis Krivine vient de lancer une théorie avant-gardiste pour les scientifiques contemporains. Il déclare que le cerveau n'est rien d'autre qu'une grosse calculatrice et que les ordinateurs que nous nous efforçons de rendre de plus en plus puissants ne sont en fait que des tentatives de copie de notre propre cerveau. Il déclare que le langage Lambda, processus de calcul inventé dans les années 1930, est similaire à celui du cerveau.

Le bagage mental de l'être humain est la somme de toutes les expériences, analyses et synthèses qu'il a effectuées au cours de son existence. Le cerveau conscient et inconscient emmagasine tout ce qu'un être a pu expérimenter depuis le début de sa gestation dans le ventre de sa mère.

Chaque gène possède également son bagage génétique pour ne pas dire mental, et depuis la nuit des temps influence l'être d'aujourd'hui. Les chercheurs tendent de plus en plus à accepter la théorie que chaque gène, chaque molécule, etc. possède une forme d'intelligence. Nous savons tous que dès quelques jours après la procréation, les quelques molécules formant le petit être en devenir possèdent des programmes très évolués qui leur permettent d'effectuer une différenciation quand vient le temps de former les différentes parties et organes du corps humain. Cet ensemble moléculaire a la capacité de décider la formation de tel ou tel organe selon un programme génétique préétabli. C'est ce qui permet aux humains, par exemple, d'avoir toujours deux yeux, deux jambes, deux bras etc. etc. Il serait très étrange de vivre dans un monde qui ne respecterait pas cette recette de base contenue dans le bagage génétique de sa population.

Le cerveau, cette fameuse machine biologique nous permet de prendre des décisions éclairées sur tout ce que nous expérimentons au cours de notre vie. Ces décisions reposent sur l'analyse qu'effectue le cerveau, une analyse qui se base sur la comparaison de certains faits similaires ou du moins comparables à la décision à prendre.

À tous les niveaux, le tout humain se compose de la somme de ses éléments génétiques, biologiques, mentaux et intellectuels. Nous ne pouvons pas lui soustraire l'un de ces éléments sans pratiquement le détruire.

Au-delà de l'analyse et de la comparaison l'être humain est l'esclave de ses agrégats ou appétits, qu'ils soient biologiques comme le sexe, la faim, la soif, le chaud, le froid, etc., ou mentaux comme le besoin d'amour, de possession, de gain, de bonheur, sans compter les besoins provenant de blocages ou d'engrammes psychologiques acquis au cours de l'existence de l'être. Ces blocages ou engrammes qui ne sont que les résultats d'anciennes frustrations ou de souffrances extrêmes mènent parfois l'humain à agir de façon non conforme aux consensus de la société dans lequel il vit.

LES AGRÉGATS

> *«Le pratiquant doit savoir que tous les phénomènes visibles sont illusoires et irréels.»*
>
> *Précepte de la méditation*

Les agrégats sont en général des ensembles biologiques pour le corps et intellectuels pour le mental qui constituent l'entité humaine. Ces ensembles forment des tous actifs qui rencontrent d'autres ensembles pour en former de nouveaux indéfiniment. Aucun agrégat, qu'il soit biologique ou intellectuel n'est permanent. L'être humain comme tout ce qui existe dans l'univers ne se compose que d'un assemblage temporaire de différents assemblages de différents assemblages qui se modifient indéfiniment.

Nous sommes des êtres en constante mutation biologique et intellectuelle qui contemplent l'univers en perpétuelle transformation. Rien n'est stable, rien n'est arrêté, tout bouge, tout se modifie et chaque instant nous assistons à la renaissance de notre monde, d'un univers nouveau, différent.

L'être humain doit s'adapter et survivre dans ce tourbillon d'instabilité, dans un univers où les structures deviennent de plus en plus complexes, de plus en plus difficiles à saisir ou à gérer.

LES AGRÉGATS DOMINANTS

«*Le pratiquant doit acquérir le savoir pratique de la voie en y cheminant.*»

Précepte de la méditation

Afin de survivre dans ce monde en constante mutation, l'être humain a développé une stratégie de survie qui permet à différents aspects de son être de prendre la direction des opérations de son corps selon la compétence de ces aspects (agrégats) respectifs.

Les différents ensembles d'éléments biologiques ou intellectuels qui dominent le cerveau sont désignés sous le nom d'agrégats dominants. Comme tous les autres agrégats, ces derniers sont également en constant changement, en modification continue. Leur transformation est entretenue par les interactions entre eux et avec celles en provenance de l'extérieur, de nos propres actions et interactions avec le monde. À chaque instant de la vie, une pensée (agrégat de plusieurs éléments de pensées) dominatrice prend charge du cerveau de l'être humain et détermine l'action qu'effectuera le corps. À tout moment cet agrégat dominant doit lutter pour conserver sa dominance et poursuivre son objectif. Prenons un exemple bénin : imaginez que vous êtes assis confortablement en train de lire un livre, vous ressentez soudain la faim (agrégat biologique qui prend charge du cerveau en délogeant l'agrégat qui dominait quelques instants auparavant, il ordonne à votre corps de se lever et de se diriger vers le réfrigérateur) en route quelqu'un anticipant ce que vous avez en tête vous intercepte et vous dit que si vous voulez perdre du poids vous ne devriez pas poursuivre votre projet d'aller manger. Sur ces propos l'agrégat intellectuel qui considère important le fait de demeurer svelte prend le contrôle de votre cerveau, refoule l'agrégat biologique dans ses retranchements et ordonne à votre corps de retourner s'asseoir et de continuer à lire en rationalisant que manger ne peut que causer un gain de poids malsain, etc. Cet exemple est bien simplet mais il représente ce qui se passe quand une personne prend une décision, plus ou moins consciente d'ailleurs, de faire une chose plutôt qu'une autre. Tout ce processus s'effectue plus ou moins consciemment et vous êtes toujours persuadé que vous prenez les décisions vous-même alors qu'en fait ce sont les agrégats qui contrôlent selon le moment votre cerveau et votre corps. Nous assistons plus ou moins à notre existence qui se déroule en dehors du MOI ultime, cette étincelle de conscience qui ne se compose pas d'agrégats mais d'une seule pensée non analytique.

Nous nous croyons constamment en contrôle de notre corps, mais nul ne peut nier que son comportement diffère selon les circonstances auxquelles il fait face. Prenez conscience de votre comportement dans une conversation face à face avec un homme et à votre comportement dans les mêmes circonstances face à une femme. Il est alors facile de réaliser que nous ne sommes pratiquement jamais les mêmes personnes d'un moment à l'autre de notre vie. Nous différons selon les événements, nous nous adaptons aux différentes situations. Et nous croyons que celui qui se plie aux événements est le MOI alors qu'en fait ce sont des parties de nous (les agrégats) qui prennent la relève et agissent à notre place.

Nous nous identifions à nos agrégats. La plupart des gens croient qu'ils sont l'ensemble de leurs agrégats (pensées) et que s'il advenait qu'ils les mettent de côté, ils n'existeraient plus. Ils ne réalisent pas qu'ils ne sont en réalité qu'une étincelle de conscience qui flotte sur un océan d'illusions.

L'ESPRIT

> *«Le plus grand bonheur est de posséder la paix intérieure.»*
>
> *Les Adages élégants*

L'esprit ou le VRAI MOI est cette présence qui habite en chacun de nous. Cette entité ne pense pas, n'analyse pas, n'agit pas, elle ne fait qu'observer. Elle est la cause de chacune de nos existences. Elle est constituée de vide ou de néant et n'est nullement affectée par le monde matériel qui en fait émane d'elle et dans lequel nous évoluons. En réalité l'esprit EST.

Il semble que la plupart d'entre nous ne savons pas que nous sommes un esprit et nous n'avons pratiquement jamais pris conscience de notre facture intérieure ou réalisé la présence de cet être des espaces infinis qui en fait est vraiment nous-mêmes. Nous sommes esprits, nous vivons dans un océan de néant et nous sommes la cause et l'effet de cette résultante composée d'agrégats qui dans notre cas forment notre corps et notre intellect et le monde.

Nous ne savons plus ce que nous sommes vraiment parce que nous sommes submergés dans cet amas d'agrégats (ensembles de pensées) et entièrement subjugués par nos sens qui nous laissent croire que seule la matière ou ce que nous ressentons existe.

Pourtant il est assez facile de communiquer avec cette entité, il suffit de réaliser le silence en soi pour nous rendre compte que dans ce silence (en méditation quand le processus de la pensée ne nous affecte plus) habite une présence et que cette présence n'est nulle autre que le VRAI MOI. Ce VRAI MOI habite tout être vivant de l'univers. Tout le reste, corps, cerveau, pensées, personnalité, goûts, sexe, etc. ne sont que des caractéristiques illusoires que nous utilisons pour agir sur le monde matériel qui nous entoure. C'est ce que la plupart d'entre nous croyons être !

Pour pouvoir réaliser que nous sommes d'abord et avant tout un esprit nous devons prendre conscience que nous existons toujours, même quand nous sommes isolé des pensées. La plupart des gens s'imaginent qu'ils n'existeront plus s'ils se mettent à ignorer leurs pensées. Que la conscience n'est rien d'autre que l'ensemble de pensées, que l'amoncellement de toutes les pensées qui nous passent par la tête. Rien de plus faux. C'est seulement dans le vide intérieur qu'il nous est possible de contempler notre vraie nature.

L'art de la méditation permet de visiter, d'étudier et de goûter l'espace intérieur et de reconnaître l'essence de notre VRAI MOI. De ce contact nous ressortirons plus calme, plus sage, plus heureux et plus harmonieux, finalement moins attaché aux choses de ce monde (sans pour autant les rejeter).

LOIS

LA LOI DE L'ACTION/RÉACTION

> *«La meilleure pratique est de vivre en parfaite conformité avec la loi de cause à effet.»*
>
> *Précepte de la méditation*

La seule loi qui existe dans l'univers est la loi de l'action-réaction, vous me direz qu'il y a toutes les lois de la nature et les lois que les hommes ont mises en place, mais je vous répondrai que ces lois sont illusoires et comptent peu dans la création, si ce n'est que pour nous dans un contexte naturel, personnel et social. Les lois de la nature sont celles qui reposent sur les lois de l'action/réaction dans le monde que nous connaissons. Quant à nous, nous avons inventé des lois qui sont en fait des consensus de société pour nous permettre de vivre ensemble avec plus ou moins d'harmonie.

Mais quand nous parlons de loi universelle, de la loi qui n'a pas besoin de force policière pour se faire respecter, c'est la loi de l'action/réaction qui gère toute la création, et nulle autre. L'univers ne se pare pas d'émotions ou de morale, il ne tient pas compte de ce que nous identifions comme bon ou mauvais, comme bien ou mal. Le bien et le mal n'existent pas dans l'univers, sinon à travers la perception de l'être humain qui doit d'ailleurs cette notion à la bipolarité de son environnement. Tout ce que perçoit l'homme fait partie du monde bipolaire dans lequel il baigne. Il balance constamment entre ce qu'il voit noir et ce qu'il voit blanc, entre ce qu'il croit bon ou mauvais.

L'homme vit dans un monde de perception, d'identification et de classement. Nous n'y pouvons rien, notre programme interne est ainsi monté et nous en sommes tous esclaves, il nous est pratiquement impossible de nous en évader. D'abord nous percevons quelque chose, un son, un objet, un animal ou une autre personne. Nous essayons automatiquement de l'identifier, cela s'effectue par comparaisons bipolaires, si c'est une personne nous l'identifions d'abord comme mâle ou femelle, jeune ou vieille, belle ou laide, propre ou négligée, connue ou inconnue, amicale ou dangereuse, etc. Finalement nous classons cette expérience dans notre base de données mentale, par exemple, c'est un jeune homme, il est mon neveu, il ressemble à ma sœur, il est amical. À partir des résultats obtenus nous allons ensuite prendre action, dans ce cas-ci de lui parler par exemple. Et, si cette personne nous était étrangère, avait un air patibulaire et si elle vociférait de gros mots, nous pourrions identifier cet être comme dangereux, ce qui déclencherait tout un processus glandulaire et mental qui nous pousserait à prendre certaines actions afin de protéger notre intégrité physique. Nous pourrions préconiser l'attaque ou la fuite, selon ce que nous ressentons et ce que nous sommes, notre tempérament, notre âge, notre sexe, etc.

Tout ce qui nous entoure est soumis à ce programme (consciemment ou non) avant que nous entreprenions une action, tout un processus d'évaluation et de mesure prend place pour ensuite livrer son verdict, duquel s'ensuivra l'action que nous prendrons. Bien sûr ce processus d'analyse et de prise de décision s'effectue en quelques fractions de secondes et souvent partiellement ou complètement inconsciemment.

L'univers perçu repose sur la bipolarité. Sans cette dualité, ce que nous appelons la création ne pourrait être perçue comme nous la percevons avec les différents capteurs qui sont mis à notre disposition, tels que les yeux, les oreilles, le nez, les doigts, la peau, etc. Tout repose sur le positif et le négatif, toute chose possède son opposé, le blanc a le noir, le bien a le mal, le mâle la femelle, le haut le bas, la gauche et la droite, etc., cette énumération est infinie.

Nos émotions sont, elles aussi, sujettes à la bipolarité, comme l'amour possède son opposé la haine, la joie, la peine, le bonheur, le malheur, etc. C'est ce qui fait que nous avons inventé toutes sortes de lois qui sont aussi structurées autour de cette notion bipolaire qu'est le bien et le mal. Par consensus social, nous établissons des règles de société qui nous permettent de vivre en harmonie en communautés. Les règles ne sont pas nécessairement les mêmes pour différentes sociétés parce qu'elles se basent toujours sur un consensus social dont les notions peuvent être différentes d'une société à une autre. Ce que les gens croient mauvais en Amérique du Nord peut être tenu pour bon ailleurs dans le monde. Les lois et règles de la Chine, ou de l'Iran par exemple, diffèrent beaucoup de celles de l'Amérique. Cela ne veut pas dire que les lois d'ailleurs sont plus ou moins mauvaises que les nôtres, cela signifie simplement que le consensus social est différent.

Face à l'univers, nos règles et nos lois n'ont pas d'importance, seule l'action/réaction compte. Elle gère tout, y compris nous-mêmes.

PROCESSUS DE LA LOI UNIVERSELLE

> *«La loi universelle assure que chaque action donne un résultat et produise une réaction.»*
>
> *Paramahansa le Kagyütpa*

Toute action crée une réaction, que ce soit au niveau des étoiles et des planètes ou au niveau des êtres vivants ou de la matière inerte. La réaction se fait sentir plus intensément à proximité de l'action. Donc si vous effectuez une action dans votre demeure, la réaction se fera d'abord sentir dans votre environnement immédiat. Plus vous vous éloignez de l'action plus la réaction s'affaiblit. Un peu comme un caillou qu'on lance dans l'étang, le caillou tombe à l'eau et crée des cercles de plus en plus grands qui s'éloignent du centre de l'impact. Plus les cercles sont grands moins la vague est importante, moins l'impact du caillou devient important.

Un sage a déjà dit que pas un grain de sable n'est déplacé sur terre sans affecter tout l'univers. Chaque chose a sa place, tout interagit avec tout, rien n'est parfaitement isolé. C'est comme si nous imaginions une immense sphère tellement remplie de ballons qu'il serait impossible d'en déplacer un seul sans faire bouger tous les autres. Voilà bien l'univers dans lequel nous vivons, l'espace qui nous sépare tous n'est qu'une illusion, ce n'est que ce que nous percevons. Au niveau énergétique l'univers est un grand bassin plein à ras bord où tout repose sur tout, où tout dépend de tout.

Nous pouvons désirer nous isoler, nous pouvons penser que nous sommes isolés mais cela n'est que rêve et fausse perception, nous sommes tous plus ou moins reliés l'un à l'autre. Et les actions de l'un agissent automatiquement sur l'autre.

Tout ce que nous percevons fait partie de ce capharnaüm de dualités, et nous tentons de nous adapter, de survivre dans cet océan de confusion. Nous aimons ceci et n'aimons pas cela, nous croyons ceci bien et cela mauvais sans autres raisons que la dictature de notre culture. Nous naviguons sur cette mer d'illusions que sont nos extrêmes et toutes les zones grises qui les séparent.

À partir de cette donnée très précieuse qui est la prise de conscience de l'existence de la loi de l'action/réaction, une personne peut prendre sa vie en main et en faire ce qu'elle veut bien. Si je rencontre une personne et que je l'engueule et lui donne un coup de poing, il y a de bonnes chances qu'elle veuille me rendre la pareille. Si vous agissez chaleureusement et amicalement avec quelqu'un vous en ferez certainement un ami. Tout repose sur cela, mes actions sont la cause des réactions qui m'affecteront à un moment ou à un autre. Si j'ai un rêve et que je prends action pour l'atteindre, il y a de très bonnes chances qu'il se réalise. Ceci n'est pas nouveau, mais on a tellement tendance à l'oublier il faut donc se le répéter. Le Nouveau Testament nous dit, «celui qui vit de l'épée mourra par l'épée», ceci n'est qu'une autre façon de dire que nos actions se reflètent sur notre avenir. En fait, notre futur est la résultante de nos actions passées et présentes. Nous utilisons les actions présentes pour créer notre avenir, donc réfléchissons un peu sur ce que nous sommes aujourd'hui et sur ce que nous faisons aujourd'hui et nous aurons une très bonne idée de ce que nous serons demain.

Utilisons le présent pour effectuer des gestes qui nous fabriqueront un bel avenir où nous serons en paix et harmonieux avec nous-mêmes et les autres. Faisons aujourd'hui ce dont nous serons fiers demain.

BIENFAITS DE LA MÉDITATION

> *«Une personne se fait du bien en diminuant son attachement aux choses visibles qui sont transitoires et irréelles et en expérimentant la réalité.»*
>
> *Précepte de la méditation*

BIENFAITS PHYSIQUES

Nous pourrions écrire une centaine de livres sur les bienfaits que peut apporter la méditation à la personne qui la pratique assidûment. Mais nous allons ici analyser ce qu'est la méditation en soi et ce que cet ou ces états peuvent produire comme résultats.

La méditation est un état profond de calme et de fixation de l'attention qui produit automatiquement une bienfaisante **relaxation**. Il est connu que la fixation de l'attention et la relaxation permettent d'**abaisser le coefficient du métabolisme** ce qui **réduit** immédiatement **le niveau de stress**. L'abaissement du niveau de stress, d'anxiété et de tension **ralentit le rythme respiratoire et cardiaque**, donnant à ces deux organes un temps de repos dont ils ont besoin pour reprendre force et énergie afin d'effectuer leur travail efficacement.

La médecine moderne nous dit que la majorité des maladies dont nous souffrons sont dues en grande partie à l'état de stress dans lequel notre monde nous immerge. Le stress a la propriété de saper notre énergie et d'affaiblir notre système immunitaire, ce qui fait que nous devenons tous plus vulnérables aux maladies. La méditation est donc la discipline par excellence pour réduire cet état qui nous prédispose aux inconvénients d'une vie en mauvaise santé.

Relaxation, détente, repos intellectuel et physique, meilleure capacité d'attention, réalisation de la réalité, détachement des choses matérielles, reconnaissance de l'illusion, simplification des choses du monde, diminution du niveau émotionnel, plus grande confiance en soi, certitude, harmonie, bonheur. Ce ne sont là que quelques avantages que peut apporter la méditation.

Attention : <u>La méditation n'est pas un traitement médical</u>. La méditation est une discipline qui permet d'améliorer l'état de santé, en donnant au corps en général et au système immunitaire en particulier la capacité de faire son travail de prévention et de protection.

BIENFAITS MENTAUX

> *«Pour une personne d'intelligence supérieure, la meilleure méditation est de demeurer en état de quiétude.»*
>
> *Précepte de la méditation*

Sous un autre angle, en plus des bienfaits de la relaxation et ses influences physiques, la méditation, en permettant de nous détacher un tant soit peu de nos préoccupations, nous permet d'être plus patients et plus tolérants envers les autres et donc de vivre dans un environnement plus harmonieux et moins stressant. De plus, elle nous permet de mieux comprendre les autres et la vie en générale, ce qui nous fait voir le monde sous un angle plus optimiste.

La pratique de la concentration profonde (méditation) génère un niveau d'attention amélioré sur les choses de la vie, que ce soit au travail ou à la maison. La mémoire est la première faculté à sentir l'amélioration que peut produire la pratique de la méditation. Une meilleure mémoire, une plus grande confiance en soi et un meilleur contrôle de nos émotions, ces améliorations permettent à la personne qui pratique l'art de la méditation de mieux vivre avec elle-même et avec les autres.

Attention : La méditation n'est pas un traitement psychologique. La méditation est une discipline qui permet d'améliorer pratiquement tous les aspects de notre intellect, donc de notre vie personnelle ou sociale. La méditation est une pratique de vie qui nous fait bénéficier d'une nouvelle vision du monde et de nous-même.

BIENFAITS SPIRITUELS

> *«Pensez avec tout votre corps»*
>
> *Taisen Deshimaru*

La méditation apportera beaucoup de bienfaits physiques et mentaux mais finalement elle fera en sorte que celui qui la pratique pourra se sentir beaucoup moins attaché aux émotions et aux choses de notre monde. Quand une personne se sent détachée de ce que la plupart d'entre nous acceptons comme ce qu'il y a de plus important, il est alors facile d'y attacher beaucoup moins d'importance et de nous libérer de sa capacité à faire de nous des esclaves. Nous ne sommes attachés qu'à ce à quoi nous donnons de l'importance. Nous sommes libres de tout ce qui nous semble négligeable. Je crois que nous devrions comprendre ce que cela implique. **Synthèse** : Si je donne de l'importance à une chose, elle devient importante pour moi, dans le cas contraire l'inverse se produit. Donc, mieux vaut que je reste neutre, ou du moins non attaché à ce que les autres et moi-même jugeons important. Donc je suis libéré partiellement, au moins de ces choses.

La méditation permet de nous détacher, un tant soit peu, du monde matériel. Je devrais dire plutôt qu'elle nous permet de voir le monde matériel sous une autre perspective, elle nous permet d'observer le monde sans y être obligatoirement immergé. Suite au détachement matériel survient l'éveil de la conscience. L'éveil de la conscience nous donne l'opportunité de voir et d'évaluer le monde autour de nous, de nous libérer du Moi égocentré (ensemble d'agrégats) et de nous faire voir qu'il existe des êtres en dehors de nous qui ont autant d'importance que nous dans le grand schème de l'univers. L'éveil nous fait comprendre que nous ne sommes pas importants dans le grand schème de la vie, mais que nous avons notre place ni plus ni moins importante que celle des autres. Il nous fait particulièrement réaliser qu'il existe aussi un monde en dehors de nous et en dehors de chaque individu. Fini l'égocentrisme, car il devient clair que le monde ne tourne pas autour de nous mais autour de l'interprétation que nous donnons du monde dans lequel nous vivons.

Puis vient la reconnaissance de l'illusion, que ce que nous considérons notre réalité, n'est en fait qu'irréalité, qu'illusion. Cette réalité illusoire ne tient qu'à nos moyens de la percevoir, à nos senseurs. Ce qui est réel pour vous ne l'est pas pour moi dans la plupart des cas et vice versa. La réalité d'un Chinois n'est certainement pas la même que la mienne, etc. Il est possible de concevoir l'absence de réalité en réalisant que ce que nous concevons comme réalité est en constant changement, mutation, transformation, etc. rien n'est stable.

La Réalité avec un grand « R » se doit d'être stable et inchangée de moment en moment si nous voulons compter dessus, n'est-ce pas? Enfin, c'est là ma compréhension, c'est ce que doit être la réalité, elle se doit d'être ce que nous appelons une donnée stable, et cette réalité, il m'est impossible de la trouver dans notre monde. Tout autour de moi change, s'altère, vieillit, devient autre chose, tout ce qui m'entoure est instable et transitoire, en mutation permanente comme nous l'avons déjà vu.

Les personnes qui pratiquent la méditation découvre la seule chose qui dans notre monde, de tous les temps, reste, demeure la même, et cette chose est le silence de la méditation. Ce silence est le même que celui des plus grands maîtres du monde car le silence ne change pas. Dans le silence réside le vide, et ce vide ne change jamais non plus. Il est impossible de trouver autre chose que le silence en notre monde matériel qui soit immuable, inchangé et inchangeable. Je vous invite à me communiquer toute autre chose qui pourrait avoir cette caractéristique de non-mutabilité, de non-transformation. Le silence est la seule chose réelle que l'on connaisse parce qu'il est immuable, permanent au contraire de toute autre chose.

Dès lors, il est possible de reconnaître l'illusion : La définition d'illusion implique l'interprétation erronée de données ou de facteurs. L'illusion est tout ce qui change et mute à cause du temps ou de tout autre facteur. Si quelque chose change, c'est qu'elle est instable et ne dure pas, donc impermanente et illusoire. La méditation nous permet de reconnaître ce qui est stable, sans mouvement, sans transformation et ce qui est transitoire, changeable, transformable. La personne qui médite sait pertinemment que ce qui est instable est en fait irréel, illusoire et ce qui est stable, vide de tout est la seule réalité, la seule chose sur laquelle il est possible de compter dans le présent et dans le futur. D'ailleurs en méditation on appelle le vide le Refuge, un endroit où il est toujours possible de se réfugier en toute sécurité. Le vide est un espace sans fin où rien ni personne ne peut vous joindre, vous attaquer, vous toucher, vous altérer, c'est un endroit de parfaite sécurité. C'est cette place où il est toujours possible de se replier pour mettre de côté ce qui nous dérange, nous nuit. Là où même nos pensées ne peuvent nous affecter.

Goûter quelques instants de totale immobilité représente plus que vous pourriez espérer de longues vacances dans le Sud ou ailleurs.

Un sage des temps passés disait à ses adeptes : «une seconde de silence vaut des milliers d'années de turbulence et de bruits incessants».

Quand l'adepte commence à se familiariser avec la méditation, ces moments de silence plus ou moins longs deviennent alors des moments de grand calme et parfois d'illumination. Ces moments de prise de conscience qui nous donnent l'opportunité d'entrevoir la réalité de l'univers, la vérité de toute chose. Ces moments de grande jouissance ne durent que le moment d'en prendre conscience, car dès que le système analytique qui réside en nous prend charge de cette expérience, il la transporte dans notre monde bipolaire où commencent l'évaluation et l'analyse pour n'en faire qu'un autre événement dépourvu de réalité, puisqu'il sera alors comparé, analysé, classé, etc.

Il est donc pratiquement impossible de vraiment réaliser, selon nos normes bipolaires de la réalisation, que nous venons de vivre une illumination, soit un moment de vérité universelle qui ne prend pas racine dans notre monde illusoire et aléatoire. Cet instant de prise de conscience ne dure que l'instant de sa réalisation, juste avant que notre cerveau n'entreprenne de la disséquer pour enfin la classer avec les millions d'autres expériences ne notre vie de tous les jours. Il sera devenu bipolaire, donc impermanent et illusoire. Il ne reste que le souvenir de ces moments d'illumination et de clairvoyance, mais ce sont des moments précieux qui permettent de voir le monde de tous les jours avec plus de sérénité et de tolérance.

En méditation, suite aux prises de conscience vient la réalisation du tout. Cet état nous situe dans l'univers, nous place là où nous devons être. Elle nous identifie dans toute notre importance ou dans toute notre insignifiance en tant qu'être faisant partie de la grande machine universelle. Le plus petit grain de sable a son importance dans l'univers, donc il est facile de comprendre que chaque être humain y a aussi sa place. L'être humain est dans l'univers un élément indispensable par tous ses constituants et toutes ses expériences.

Il est intéressant d'imaginer, car cet état est impossible à reproduire dans un état «dit» normal, l'importance que chacun de nous peut avoir dans le déroulement de la grande aventure cosmique.

La méditation révèle que nous incorporons, tous et chacun de nous, toutes les données de l'univers, comme notre ADN contient toutes les données pour fabriquer un humain. Nous sommes tout et nous ne sommes rien, nous ne sommes rien et nous sommes tout.

Voilà ce qu'il est possible d'entrevoir et d'expérimenter à travers la méditation au niveau spirituel. Mais au niveau matériel ces prises de conscience, ces expériences au-delà de ce qui est appelé le réel font des personnes qui méditent des êtres à la vision élargie, ce qui leur permet de vivre en harmonie avec eux-mêmes et le monde qui les entoure de près et l'univers tout entier.

Quand vient le moment en méditation profonde de reconnaître que tout est bien dans l'univers, que tout est en parfait équilibre et que si ce n'était pas le cas, l'univers serait différent et résoudrait cette anomalie, il devient alors plus facile de voir le monde sous un jour plus heureux, plus insouciant, pour notre plus grand bonheur.

Il devient possible de mettre les émotions en réserve et de voir le monde tel qu'il est en train de faire ce qu'il doit faire, de se faire et de se défaire. Les émotions ne servent qu'à donner de l'importance illusoire aux choses de notre monde et à nous rendre malheureux.

Il nous faut rechercher le silence pour trouver le vrai bonheur.

LA MÉDITATION N'ISOLE PAS LE PRATIQUANT DE LA VIE NORMALE

> *«La vie n'est rien d'autre qu'une longue méditation. Quiconque est conscient de ce qu'il fait au moment où il le fait sans penser à autre chose, médite.»*
>
> *Précepte de la méditation*

On croit souvent que le fait de méditer isole le pratiquant du monde tangible dans lequel nous vivons tous. Il n'en est rien, la pratique de cette discipline encourage la prise en main de ce que nous sommes et de ce que nous voulons devenir. Elle n'a rien d'une religion ou d'une secte, la méditation est une discipline et une affaire personnelle qui se passe en dedans, et il ne faut surtout pas laisser quiconque interférer avec le déroulement de ce processus. D'ailleurs, il est très important que vous questionniez tout ce qui est écrit dans ce livre ou dans tout autre que vous pourrez lire, tant et aussi longtemps que vous n'en avez pas fait la preuve par vous-même en méditant à votre rythme et à votre façon. Seule votre expérience personnelle de méditation vous permettra d'assimiler votre propre vérité et non pas celle d'une autre personne.

La méditation est une expérience individuelle qui permet au pratiquant de découvrir sa propre vérité, sa propre voie vers son bonheur et son salut.

La méditation est une discipline qui doit être entièrement intégrée à la vie de tous les jours. Il est possible de méditer, de garder le silence mental, en marchant, en jouant, en travaillant, etc., méditer c'est tout simplement garder le silence intérieur, faire abstraction du processus de pensée, « être présent ». Méditer c'est réaliser le silence à l'intérieur de sa tête, rien d'autre, quelle que soit la méthode pour y parvenir. Méditer c'est vivre le moment présent, l'action présente et rien d'autre!

LA MÉDITATION DANS LA VIE

> *«Constamment conserver la conscience alerte en marchant, en parlant ou en mangeant.»*
>
> *Précepte de la méditation*

L'art de la méditation n'a aucun rapport avec un programme de gymnastique ou toute autre discipline qui prend un certain moment de votre journée. La méditation est un art qui doit devenir, avec la pratique, une partie de votre vie. Ce n'est pas un ajout quelconque à vos activités quotidiennes. La méditation deviendra partie intégrante de ce que vous vivez, de ce que vous êtes. La méditation est l'affaire de chaque instant du jour et de la nuit, il n'y a pas de temps de relâche. L'art de la méditation est un élément qui s'intègre dans la vie de tous les jours, sur lequel repose chaque action et même chaque parole. Autrement dit, la méditation deviendra l'élément sur lequel votre vie de chaque instant reposera. La méditation est un état à travers lequel toute votre vie sera filtrée.

Quand je marche sur le trottoir ou sur la piste avec mes chiens, je médite en me concentrant sur mes respirations et en visionnant tout mon être en marche, mais pendant cette période il m'est possible d'admirer et de goûter la beauté de la nature, sans l'analyser. Il est important de devenir un OBSERVATEUR. En réalisant que ce corps se déplace dans l'espace et dans le temps, sans pourtant en effectuer l'analyse. La réalisation sans analyse de ce qui se passe est méditation. Le danger réside dans l'analyse, qui depuis toujours fait entrer les facteurs dualistiques dans l'évaluation et la classification du moment. Il ne faut pas analyser, évaluer, comparer ou penser, il ne faut qu'observer, comme un enfant naissant observe ces merveilleux reflets de lumière que lui transmettent ses yeux sans pourtant vouloir en comprendre la provenance ou l'essence. Il faut voir sans essayer de comprendre. IL FAUT GOÛTER sans vouloir connaître la recette.

Finalement, le tout de la méditation repose sur la prise de conscience de ce que nous faisons à chaque instant. Si nous ne sommes pas conscients de ce que nous faisons à chaque instant, alors NOUS N'EXISTONS PAS! Il est donc important de réaliser que nous respirons, que nous parlons, que nous mangeons, etc. Le seul moment qui représente une certaine importance est le moment présent. C'est le seul moment sur lequel nous avons quelques leviers. C'est le seul moment qui nous permet d'agir sur notre futur. Le passé est passé et inaltérable, le futur est l'extension, la suite du moment présent, donc c'est le seul endroit (moment) où nous devons vivre si nous voulons goûter la vie. Celui qui vit dans le passé ne peut que rencontrer la déception et celui qui vit dans le futur sans rien faire dans le moment pour le façonner s'alimente de désillusions. Le seul moment d'importance est maintenant, tout de suite. Hier est passé et demain n'est pas là, mieux vaut profiter du présent.

La méditation est un état et un principe de vie. S'asseoir et méditer est bien, mais nous pouvons méditer quand nous faisons n'importe quoi, toutes les actions de la vie courante. Il est important de seulement manger quand nous mangeons, de seulement couper le gazon quand nous coupons le gazon et de seulement effectuer une seule tâche particulière en même temps au bureau si nous sommes au travail ou ailleurs. Quand nous nous concentrons pleinement sur ce que nous faisons, il n'y a pas de but à atteindre si ce n'est que de faire bien ce que nous faisons. Nous ne nous demandons pas si nous allons gagner beaucoup d'argent à faire ce que nous faisons, ou si nous allons enfin faire le gazon en une heure trente plutôt que 2 heures ou encore obtenir le poste de direction ou encore l'augmentation tant désirée. Nous faisons ce que nous faisons pleinement dans le moment présent sans nous poser de question.

En travaillant de cette façon nous ne gaspillons pas d'énergie en nous questionnant à propos de ceci ou de cela, ou au sujet de ce que sera l'avenir. Au contraire, nous utilisons notre travail comme moyen de méditation afin de rester dans le présent, d'améliorer notre capacité d'attention, notre niveau de rendement ainsi que la qualité de notre produit, ce qui nous rapproche de ce que nous voulons devenir.

Quand nous travaillons en étant présents (en méditant) la fatigue ne nous touche pas, au contraire nous emmagasinons de l'énergie et profitons d'un état de paix intérieure bénéfique. Adieu stress, bonjour calme et harmonie, bonjour énergie et puissance jointes au plaisir de faire bien ce que nous voulons accomplir maintenant.

TECHNIQUES

LES TECHNIQUES DE MÉDITATION

> *«La méditation n'est pas un moyen d'atteindre un but, mais plutôt les deux à la fois, un moyen et un but.»*
>
> *Krishnamurti*

Les techniques de méditation sont multiples et sont toutes certainement aussi bonnes les unes que les autres. Il est enseigné de fixer son attention sur un «mantra» répété inlassablement, série de paroles, sur un son, un point au loin, sur le silence, sur le vide, sur l'amour, etc. et j'en passe. Nous nous attarderons particulièrement sur certaines de ces techniques de méditation. Mais il faut bien comprendre qu'un mantra, la respiration, un son ou toute autre chose ne sont en fait que des outils servant à fixer l'attention de la personne qui médite sur une seule chose. Ils ne sont donc que des moyens et non pas des fins en soi.

J'ai cherché pendant des décennies la meilleure méthode de méditation, celle qui me convenait le mieux, j'ai reçu plusieurs initiations qui ne m'ont pas satisfait. Après un certain temps de pratique, je les trouvais trop compliquées, édulcorées de diverses cérémonies qui n'avaient rien à voir avec la méditation proprement dite. À un moment donné je me suis lancé à la recherche de la méthode de méditation la plus simple qui soit connue à notre époque.

Cette aventure m'a mené jusqu'aux confins du Népal, en passant par les grandes villes de l'Inde, Bombay, Bénarès, Bangalore et bien d'autres.

En bout de recherche j'ai découvert le MahaMudra, le Grand Symbole par excellence. Le sage Tilopa disait de cette méthode, «Il suffit de ne pas imaginer, de ne pas penser, de ne pas analyser, de ne pas réfléchir, mais de garder l'esprit dans son état naturel, libre».

Cette discipline ne comporte pas de doctrine, ni de cérémonie. Tout se passe en vous et avec vous. Vous ne devez croire aucune parole ou écrit, vous devez expérimenter par le silence intérieur afin de vérifier les dires des autres et comprendre selon votre propre personnalité. Personne ne tentera de vous forcer à faire ceci ou cela.

Mais il nous faut aussi réaliser que nous vivons dans des pays, immergés dans des cultures très différentes de celles qui ont généré cette discipline. En analysant ces différentes méthodes de concentration il nous est possible de déterminer ce qui est vraiment important et ce qui est accessoire, spécialement quand nous savons pertinemment que les seuls points importants sont de fixer son attention sur une seule chose sans tenter de l'analyser, de demeurer alerte et conscient pour finalement réaliser le vide intérieur.

RESPIRATION DE RELAXATION

> *«La respiration est le miroir de votre état d'esprit.»*
>
> *Précepte de la méditation*

Avant de débuter toute séance de méditation il est recommandé de faire quelques exercices de respiration afin d'apporter une détente profonde à tout l'être et principalement d'éliminer le stress et toute tension due aux exigences de la vie courante.

Il suffit de prendre dix (10) respirations profondes en vous concentrant bien sur le déplacement du souffle. Une longue inspiration qui pénètre par le nez, passe par la gorge, et descend remplir la partie inférieure des poumons jusqu'à ce que le ventre sorte en avant, pour ensuite continuer à inspirer pour remplir les poumons médians puis supérieurs. L'expiration s'accomplit en vidant les poumons supérieurs, puis intermédiaires, ensuite inférieurs jusqu'à ce que le diaphragme tire le ventre vers l'intérieur légèrement. Puis recommencer le même processus dix fois.

Respirez lentement sans précipitation et expirez de même sans soubresaut. L'air glisse facilement dans un sens comme dans l'autre. Il ne faut rien forcer à l'inspiration comme à l'expiration. Ne faites pas de temps d'arrêt significatif entre les inspirations et expirations, laissez le souffle poursuivre son rythme sans le conditionner si ce n'est que de bien remplir les poumons en commençant par la base.

Après avoir complété ces dix respirations profondes, reprenez votre respiration normale et prenez un moment pour regarder en dedans de vous et vous sentirez alors le calme vous envahir. Profitez de ce moment pour vous assurer qu'aucune partie du corps n'est sous tension et que vous êtes prêt à méditer.

LES ÉTAPES PROPREMENT DITES DE LA MÉDITATION

LE REFUGE ET LA RÉSOLUTION

> *«Équilibre, relaxation et naturel».*
>
> *Lama Kong Ka*

Nul ne peut arriver quelque part sans au préalable déterminer où il va, avant d'avoir établi un itinéraire ou un programme de réalisation. Il en va de même pour la méditation.

Si vous avez pour but de mieux vous connaître, de mieux connaître le monde qui vous entoure, de savoir d'où vous venez et où vous allez, si vous reconnaissez qu'il est sans doute possible de diminuer la douleur et la souffrance que vous fait subir la vie quotidienne, de diminuer votre niveau de stress ou de fatigue ou d'augmenter votre niveau d'énergie, si vous réalisez que pour obtenir quelque chose il y des efforts à fournir, une discipline à acquérir, alors je vous recommande de poursuivre la lecture de ce livre et de recueillir les informations dont vous avez besoin pour apprendre à méditer et atteindre votre but.

Il vous faut donc d'abord fixer votre objectif et ensuite ne pas en démordre et persister dans la pratique de la discipline de fixation de l'attention.

L'état de méditation est un refuge, vous allez découvrir en dedans de vous cet endroit où personne ne peut vous toucher, vous déranger, vous attaquer, vous altérer. C'est cet endroit où résident le calme et la paix, le vide et l'absence de pensée. C'est le seul endroit où vous-même ne pouvez pas intervenir. Vous ne pouvez que vous y réfugier, observer. C'est cette place intérieure où il n'y a pas d'analyse, de tentative d'identification, c'est cet endroit où ne réside que l'observation à l'exclusion de tout. C'est cet espace où vous redeviendrez enfant rempli d'émerveillement à simplement regarder, observer, sans aucune autre forme d'analyse ou de compréhension. C'est également une source infinie d'énergie qui est vôtre si vous savez comment vous l'approprier. Et c'est dans cet état de silence que la vérité vous apparaîtra.

Il faut débuter la pratique de la méditation lentement, mais persister et briser une à une les barrières qui tenteront de fermer le passage à celui qui cherche à détruire toute résistance et à voir face à face la raison d'être de tout ce qui existe.

LES POSTURES ET ENDROITS PROPICES

> *«Il ne peut y avoir de discipline mentale sans discipline corporelle.»*
>
> *Précepte de la méditation*

Les novices se demandent quand et où méditer. Comme nous venons de le voir ci-dessus il n'y a pas de moment pour méditer, au contraire, il faut en faire une priorité de tout instant.

Mais il nous faut comprendre que la méditation ne peut devenir immédiatement une discipline intégrant toute notre vie. Il vous faudra donc habituer le corps et l'esprit à un nouveau régime de vie. Au début, il est recommandé de méditer le matin au lever ou le soir juste avant le coucher. En fait, il vous faut trouver un moment au cours de votre journée où vous êtes tranquille avec peu de risques d'être dérangé. Il est préférable que cet endroit soit toujours le même, particulièrement au début, car alors le corps et l'esprit n'ont pas à se réadapter constamment à un nouvel environnement. La méditation se pratique mieux sur un estomac vide, donc assurez-vous que votre digestion ne vous dérangera pas en cours de méditation. La période ne doit pas être longue au début de votre pratique. Quelques minutes (10 minutes) suffiront à vous apporter le calme, la détente et l'énergie que vous recherchez et à réaliser qu'il est possible d'établir le silence dans votre tête. Réaliser le silence intérieur, même de façon partielle, est une grande réalisation. Un instant de silence vaut mieux qu'un million d'années de distraction. Vous pourrez avec le temps et la pratique allonger vos périodes de méditation selon votre capacité de concentration. Ne vous découragez pas, persévérez et lentement vous réaliserez les progrès que vous avez anticipés.

Les maîtres de méditation orientaux préconisent souvent des postures plus ou moins étrangères à notre culture. Les Indiens s'assoient en lotus, ou en tailleur, parce que c'est là leur façon de s'asseoir depuis des millénaires. Je ne recommande pas aux gens des Amériques ou d'Europe de se conformer à ces positions assises étranges et inconfortables pour nous. L'inconfort nuit à la méditation, tout comme les positions nonchalantes d'ailleurs.

Mais si votre souplesse corporelle vous le permet, la position du tailleur est une excellente position de méditation où le corps est en équilibre, ce qui incite l'esprit à demeurer alerte.

POSITION ASSISE

> *«Assis dans un endroit tranquille, sans bouger, dans la bonne position et sans dire un mot, l'esprit vide de toute pensée, bonne ou mauvaise.»*
>
> *Taisen Deshimaru*

Ce qui est recherché en méditation est une position confortable qui ne produira pas de crampe ou de malaise à plus ou moins long terme. Toutefois, il est recommandé de garder le dos droit et non appuyé à un dossier afin d'éviter l'ensommeillement. Quand le dos n'est appuyé nulle part, il semble que le mental reste aux aguets afin de garder le corps en équilibre, cela s'effectue inconsciemment et l'esprit demeure plus alerte. Donc le dos se doit d'être droit et non appuyé si possible et il est recommandé de croiser les pieds sous le siège afin que les fesses et les cuisses appuient bien sur le siège, les mains viendront s'appuyer l'une sur l'autre sur les cuisses au bas du ventre, cette posture permettra de rester en position de méditation pour de longues périodes quand vous vous sentirez capable de le faire.

Il est également possible de méditer autrement qu'assis.

EN MARCHANT

> «*Tout à coup en marchant, je me suis arrêté, réalisant soudain que je n'avais pas de corps. Tout ce que je pouvais voir était une immensité lumineuse, omniprésente, parfaite, lucide et sereine.*»
>
> *Han Shan*

La marche est idéale pour méditer, il est possible de marcher en synchronisant la respiration sur nos pas. Chaque matin je promène mes chiens sur la propriété. Je marche en synchronisant ma respiration sur mes pas, je compte quatre pas à l'inspiration et quatre pas à l'expiration et je recommence. Je prends conscience que je suis en train de marcher et j'observe la nature et mes chiens qui courent un peu partout dès qu'une odeur les attire. Je suis donc entièrement conscient de mon corps qui marche et de la beauté de la nature, de l'air qui entre dans mes poumons et de la détente que je ressens. Mais l'analyse n'entre en rien dans cet exercice. Seul le silence existe en moi. Je suis comme un conducteur au volant d'une machine qui regarde à travers les hublots que sont mes yeux. Je vois ce qui se passe tout en étant indépendant de l'action.

C'est un état merveilleux pendant lequel tous les soucis de la vie sont mis de côté pour laisser la place au moment présent dans toute sa perfection. Cette promenade qui dure environ 45 minutes représente une détente complète et une énergisation totale de tout mon être. Ce genre de promenade peut se faire n'importe où, même pendant une courte période dans les corridors de l'immeuble où vous travaillez quand vous vous rendez d'un endroit à un autre ou sur la rue en vous rendant quelque part à pied. Tentez cette expérience quand vous vous rendez à une réunion. Marchez tout en récitant votre mantra favori ou tout simplement en comptant vos pas ou encore en prenant conscience de votre respiration. Cet exercice permet de prendre vos distances des problèmes auxquels vous devez faire face et ouvre la porte à la paix et à l'harmonie. Arrivé à l'endroit où vous allez, vous serez détendu et prêt à confronter les problèmes s'il y lieu.

POSITION COUCHÉE

> *«Même dans le sommeil le plus profond, tu dois demeurer conscient du vide.»*
>
> *Précepte de la méditation*

Ceux qui pratiquent la méditation depuis longtemps et qui ont réussi à dominer leurs impulsions physiologiques peuvent sans crainte de sombrer dans le sommeil inconscient pratiquer cette forme de méditation.

Mais pour le débutant ce n'est pas une position que je recommande, car elle mène tout droit au sommeil. Mais je tiens quand même à en parler ici parce que cette forme de méditation peut devenir un moyen de trouver le sommeil et d'éliminer les insomnies pour ceux qui en souffrent. La méditation permet de vider le cerveau de toutes les pensées qui interfèrent avec le sommeil. Elle représente l'un des meilleurs somnifères et elle ne comporte aucune accoutumance.

AUTRES

> «*La méditation est une discipline qui permet d'ignorer l'invasion des pensées et de vivre en harmonie avec les autres et soi-même.*»
>
> *Paramahansa le Kagyütpa*

Pour terminer ce chapitre, je dois insister sur le fait que la méditation se pratique dans toutes les positions possibles et à tout moment sans discrimination.

Le but à atteindre est de méditer le plus souvent et le plus longtemps possible. Il est certain qu'au début cela demande une grande discipline, mais avec l'habitude et le temps cet état devient naturel et il est facile de garder une partie de nous-même éveillée à tout ce qui passe en dedans et en dehors de nous, au cours des activités mondaines qui sont les nôtres, sans pour autant tomber dans l'analyse bipolaire.

Rappelons-nous que **la pratique de la méditation se résume à vivre le moment présent sans analyse** d'aucune sorte. Pour méditer en mangeant, il suffit de manger en étant conscient de l'action de manger à l'exclusion de toute autre, sans analyse. Pour méditer en marchant, il faut marcher en étant conscient de marcher et rien d'autre, sans analyse. Il en va de même pour toute autre situation rencontrée au cours de la journée.

CONNAÎTRE CE QU'EST LA MÉDITATION

> *«Un bon système de méditation produisant la puissance nécessaire à concentrer l'esprit sur une seule chose est indispensable à la réussite.»*
>
> *Préceptes de la méditation*

Avant de méditer nous nous devons de reconnaître ce qu'est la méditation. Établissons ici quelques critères qui nous permettront de faire la différence entre divers états de réflexion ou de méditation.

La méditation c'est la capacité d'ignorer le jeu des pensées et l'absence d'analyse, donc si vous pensez, si vous analysez, si vous réfléchissez vous ne méditez pas. La méditation est observation, mais attention, s'il est permis d'observer il n'est pas permis d'évaluer ou d'analyser ce que nous observons. Il est permis d'identifier et non d'analyser. Toute forme d'analyse met en marche tout un processus mental et intellectuel qui est du ressort de la bipolarité, donc qui est automatiquement faussé, contaminé dû à sa propension pour la classification qui est basée sur la comparaison, l'évaluation et l'analyse. **La seule chose vraie est le silence en faisant abstraction du processus de pensée, et c'est ce que nous devons rechercher.**

Vous vous devez de devenir un observateur neutre sans but et sans point de vue.

Vous voyez un cheval, donc un cheval est un cheval qui est un cheval, rien d'autre et l'attention passe à autre chose qui n'est rien d'autre que cette chose.

La méditation est la fixation de l'attention sur un point, une parole, un son, le vide, la respiration, sans en déroger. C'est atteindre cet état où il est possible de n'être plus personne en particulier, sinon que d'être conscient que nous sommes tout l'univers.

Nous devons devenir la semence et le fruit, le début et la fin, l'être et le non-être. Nous devons être ce que nous sommes, l'observateur et l'observé, la réalité création de l'illusion et création de la réalité.

LA DÉCOUVERTE DU SILENCE

> *«Dès que les pensées s'apaisent le silence s'installe et le monde illusoire disparaît.»*
>
> *Précepte de la méditation*

La plupart des gens ne connaissent pas et n'ont jamais expérimenté le silence intérieur. Imaginez ne penser à rien, ne rien évaluer, ne rien critiquer, ne rien aimer ou haïr. Seulement le silence envahissant qui s'immisce à tous les niveaux de ce qui n'est plus la conscience distraite de tous les jours, mais la conscience pure et limpide de la méditation.

Les gens en général croient que le fait de penser représente la vie, que l'ensemble de leurs pensées est leur être. La somme des pensées n'est rien, ni personne. La somme des pensées n'est que l'accumulation de fluctuations bioélectriques successives qui réagissent aux stimuli extérieurs, à nos actions et réactions et à celles des autres.

La première prise de conscience que vous ferez est de réaliser que vous existez même si vous cessez de penser. Que les pensées ne sont pas vous, vous êtes tout autre. L'être est conscience.

Prenez une longue respiration par le nez en vous concentrant sur le parcours de votre souffle, puis quand vos poumons sont pleins laissez votre souffle s'évader tout en suivant toujours son parcours, sans penser à autre chose.

Quand vous arriverez à la fin de cette expiration, portez attention, et vous vous rendrez compte que vous ne pensez à rien. Ce sera le vide en vous, dans votre tête, vous ferez alors l'expérience de quelques secondes de silence, vous aurez médité pendant quelques secondes, puis pratiquement immédiatement, surpris de cet état, votre cerveau entrera dans une phase analytique qui n'est rien d'autre qu'une suite plus ou moins longue d'évaluations de la situation afin de classer l'expérience vécue dans les contextes connus. Dès l'instant où le cerveau entre en jeu et réalise l'état du silence, la méditation cesse, et vous êtes subjugué par les pensées. Donc vous n'êtes plus en contrôle de votre corps et de votre cerveau, car ce sont les pensées (les agrégats) qui commandent. Faites l'expérience à plusieurs reprises de ces quelques secondes de silence pour vous familiariser avec cet état et réaliser que même en l'absence de pensée vous existez, vous êtes présent et conscient.

Cet instant sans prix est celui que vous voulez perpétuer le plus longtemps possible. C'est ce silence que tous les grands sages du monde entier appellent la quiétude, l'instant de paix ultime, le refuge sans pareil où tout être humain peut se mettre à l'abri des effets de la vie de tous les jours, loin des pensées envahissantes. C'est également dans cet état que la vérité viendra illuminer votre présence, vous pourrez expérimenter des moments de pur bonheur et de connaissance illimitée.

Padma Sambhava, un grand sage dit un jour, «une seconde de silence vaut plus que mille ans de vie bruyante». Donc il ne faut pas perdre patience au cours de la pratique qui vous attend, car chaque instant de silence sera une réussite sans pareille qui vous apportera la paix et la capacité de regarder le monde d'un œil différent.

En méditation, quand vous réaliserez que vos pensées ont pris le dessus et qu'elles sont comme d'habitude à exécuter cette folle danse des idées qui passent, il vous suffira de reconnaître leur présence et de les laisser s'évanouir pour ensuite revenir sans tension à votre concentration sur votre souffle et sur le silence interne, sans perdre patience, sans vous énerver.

«Avec le temps, dans le silence intérieur, le méditant découvrira la vraie facette de la vérité et de la réalité.»

ABSENCE DE FORCE

> *«Soyez à l'aise dans votre corps, ne donnant rien et ne prenant rien, l'esprit et le corps au repos.»*
>
> *Tilopa*

Il ne faut à aucun moment appliquer de la force sur la fixation de l'attention. On ne se concentre pas en fronçant les sourcils. Il faut à tout moment être détendu et garder son calme même devant cet interminable retour des pensées qui viennent perturber la pureté de l'attention. La force, l'impatience ou l'énervement ne peuvent qu'accentuer le retour ou l'apparition de pensées. Vous devez rester clame, détendu, conscient et alerte.

De plus toute force appliquée en cours de méditation peut provoquer de la tension et des maux de tête, ce qui n'est pas souhaitable pour atteindre le calme, la paix et l'harmonie.

Une méditation réussie se déroule dans un état de totale détente du corps et de l'esprit quand l'attention est immuable de son point de fixation sur le vide.

«Tout comme la feuille se plie aux caprices du vent tout en restant bien accrochée à la branche, l'attention se doit de plier au caprice du flot des pensées sans se détacher de la source d'attention.»

MÉDITATION EN UTILISANT LA RESPIRATION

> *Le vide n'a pas besoin de support, MahaMudra ne repose sur rien. Sans faire un seul effort en restant décontracté et naturel il est possible de briser le joug et d'atteindre la libération.*
>
> *Tilopa*

La méditation sur la respiration est certainement la plus simple et la plus souple qu'une personne puisse pratiquer. La fixation de l'attention sur sa respiration peut se faire en tout endroit et à tout moment de la journée.

La pratique de suivre les mouvements de notre respiration permet à l'attention de ne s'attarder sur aucun objet ou pensée. Il vous faudra un peu de patience pour passer outre la frustration du début et pour commencer à goûter les fruits des premiers succès.

L'attention, le regard intérieur reste neutre et vous devez fixer votre attention sur le mouvement, le rythme de la respiration. Dans cet état comptez un (1) pour une inspiration lente, puis deux (2) pour une expiration lente, sans forcer la respiration dans un sens comme dans l'autre. Poursuivez cet exercice jusqu'à dix sans subir de distraction, totalement concentré sur ce qui se passe, sans analyse, sans évaluation, sans mesure, arrivé à dix, recommencez et ainsi de suite.

Pendant cet exercice, les yeux peuvent demeurer fermés ou entre-ouverts. S'ils sont fermés, ils ne sont fixés sur rien en particulier et s'ils sont ouverts ils fixeront quelque chose 5 à 6 pieds (1,5 à 2 mètres) devant vous. Cet objet de fixation et d'attention peut être à peu près n'importe quoi, un petit caillou, un morceau de bois, n'importe quoi de simple qui n'incite pas l'esprit à entrer en analyse.

Au début d'une telle pratique, il vous semblera impossible de parvenir au silence intérieur recherché, tellement les pensées se bousculeront pour envahir votre conscience.

Il ne faut surtout pas vous décourager, tout cela est normal et le silence et la paix intérieure viendront avec le temps et la pratique.

Le silence existe quand nous pouvons faire abstraction du processus de pensée, quand nous devenons insensibles aux images mentales. Si ces images ne nous affectent plus, si le bruit de l'analyse se tait, alors nous méditons, nous sommes dans un état de paix, de calme et d'introspection qui nous apporte l'harmonie intérieure que nous recherchons, et finalement la vérité ultime.

TECHNIQUE DE RESPIRATION EN COURS DE MÉDITATION

> *«Tout en maintenant la tranquillité de corps et d'esprit, concentrez votre attention sur chaque inspiration et expiration du souffle à l'exclusion de toute autre chose.»*
>
> *Le sentier nirvanique*

La respiration servant à la fixation de l'attention en cours de méditation ne doit pas être trop profonde ou superficielle, mais elle se doit d'être complète.

L'air au cours de la respiration passe par le nez, entre par la gorge et passe dans la partie inférieure des poumons vers le bas de l'abdomen (ventre) qui se soulève légèrement puis remplit légèrement le reste des poumons vers le haut. Il ne faut pas forcer quoi que ce soit, la respiration se doit d'être naturelle et confortable.

Il n'y a pas de temps d'arrêt spécifique entre la fin de la respiration et le début de l'expiration. Vous devez vous sentir à l'aise et ne rien forcer. La respiration doit être la plus normale possible et vous devez garder conscience du flux et du reflux de l'air sans vous laisser distraire.

L'expiration se fait du haut vers le bas pour vider complètement les poumons supérieurs ainsi que toute la cage thoracique jusqu'au diaphragme qui doit s'abaisser légèrement vers le bas pour bien se vider.

Vous comptez un (1) au début de l'inspiration et deux (2) à la fin de l'expiration, puis vous poursuivez (3), (4), (5), (6), et ainsi de suite jusqu'à dix, puis recommencez.

Pour vous assurer que vous utilisez la bonne méthode de respiration, placez la main gauche sur votre ventre au niveau du nombril. À l'inspiration vous sentirez le ventre sortir légèrement vers l'avant et à l'expiration il se déplacera légèrement vers l'arrière.

Ce type de respiration est celui que vous devez adopter pour profiter pleinement de ce que l'oxygénation apporte à tout l'organisme. La plupart des gens respirent mal, trop superficiellement et n'oxygènent donc pas leur corps correctement.

Arrêtez-vous un instant et prenez conscience de votre respiration normale de tous les jours. Si elle se situe vers la partie supérieure de la poitrine, vous respirez mal et votre organisme souffre du manque d'oxygénation.

Il faut donc pratiquer suffisamment cette respiration complète en remplissant d'abord la partie inférieure des poumons suivie de la partie supérieure, pour qu'elle devienne automatique et inconsciente tout comme celle que vous pratiquez en ce moment. Cette respiration, en plus d'oxygéner le corps de façon satisfaisante en s'appuyant constamment sur le diaphragme, facilite également la digestion. Le diaphragme constamment massé par les poumons inférieurs masse à son tour tous les organes situés dans l'abdomen.

Dans les temps anciens les maîtres demandaient à leurs disciples de compter de la façon mentionnée ci-dessus jusqu'à cent mille. Ils prétendaient que cela permettait au disciple de comprendre les mécanismes de la respiration et des divers organes corporels. En plus de pratiquer une méthode de fixation de l'attention des plus efficaces pour parvenir au vide.

En fait, il faut parvenir à un état de respiration équilibré et de non-distraction totale, donc là où la pensée, la parole et le corps sont totalement détendus, là où plus rien n'existe que le vide et l'absence de toute pensée.

Il est important de ne pas se décourager, ni de s'impatienter. Ceci n'est pas une course à l'accomplissement. Si vous réussissez à maintenir le silence mental pendant quelques secondes à la fois, vous avez déjà atteint un grand succès. Pensez au reste du monde qui vit dans le bruit incessant de leurs pensées, sans jamais aucun repos. Vous avez la chance à cette étape-ci de goûter quelques secondes de silence et cela est une réussite. Il ne vous reste plus qu'à prolonger cette période de repos.

N'oublions pas que la méthode est le but et le but est la méthode . . .

MÉDITATION EN UTILISANT UN MANTRA

> *«OM-Mani-Padme-Heum (Le diamant est dans le lotus)»*
>
> *Kriyananda*

Un mantra est similaire à une prière pour un Chrétien quand la prière n'est pas une plainte, complainte ou demande à un être supérieur. Mais plutôt quand la prière est une suite de paroles qui permettent de centrer celui qui prie sur un seul être supérieur, sans pensée ni analyse.

Un mantra est un mot ou une série de mots auxquels vous donnez un sens ou non. Cela a peu d'importance puisque le son en question n'est qu'un outil, un support qui sert à concentrer l'attention sur le vide.

Un mantra est un son ou une série de sons répétés à plusieurs reprises pendant une certaine période au cours de laquelle le pratiquant ne pense pas, ne réfléchit pas, mais ne fait que répéter ce son ou cette série de sons qui lui permet de centrer son attention sur ce seul son.

Nous en revenons toujours au même point, tout outil qui permet de centrer l'attention sur une seule chose en faisant abstraction de toute autre sert à pratiquer ce que nous appelons la méditation.

Méditation : absence de pensée et d'analyse. Fixation de l'attention sur une seule chose en faisant abstraction de toute autre.

Exemple de mantra : «Je touche la lumière» est un de mes mantras favoris. Je le récite en quatre temps, donc j'escamote lumière pour faire entrer mon mantra dans mon rythme respiratoire courant. Mais cela peut différer de personne à personne, vous pouvez inventer votre propre mantra et le réciter en le synchronisant sur votre propre rythme respiratoire. L'important est de bien se sentir avec son mantra et de le réciter en parfaite harmonie avec soi-même et avec un degré d'attention totale, sans analyse ni réflexion.

Voici quelques exemples de mantras :

- Je puise l'essence
- De l'énergie
- Dans le silence
- De l'infini
- Je touch(e) la lumièr(e)
- Du vid(e) sincèr(e)
- La puissanc(e) mèr(e)
- De l'âme repèr(e)

MÉDITATION EN UTILISANT UN OBJET

> *«L'attention fixée sur un objet, sans devenir l'objet, permet à l'observateur de devenir l'observé.»*
>
> *Précepte de la méditation*

Il est également possible de méditer en fixant son attention sur un objet quelconque. Encore une fois ce n'est pas l'objet ou la parole ou le son qui compte car ce ne sont que des outils qui permettent de concentrer l'attention sur une seule chose.

Je recommande un objet simple qui déclenchera le moins possible le processus de la pensée. Cet objet sera placé à environ 1,5 à 2 mètres (5 à 6 pi) en avant du pratiquant. L'objet sera fixé sans tension des yeux (la tension ne peut qu'assécher les yeux et déclencher les larmes). Toute pensée est écartée et l'attention doit demeurer sur l'objet sans devenir cet objet. Il est recommandé d'effectuer cette fixation de l'attention en association avec son propre rythme respiratoire. Donc l'attention est fixée sur l'objet et sur la respiration simultanément.

LES TROIS PRINCIPALES ÉTAPES

> «*Garder l'esprit détendu et souple n'implique pas de le rendre insensible mais plutôt d'essayer d'améliorer l'éveil de sa conscience.*»
>
> *Lama Kong Ka*

1ʀᴇ ÉTAPE

En méditation, dès qu'une pensée apparaît, il faut la couper, l'effacer, la réduire à néant à sa source, pour ensuite revenir à la méditation originale.

Cette première étape vous permettra de réaliser qu'il vous est impossible d'éliminer les pensées. La solution réside dans l'étape 2 ci-dessous.

2ᴱ ÉTAPE

Laisser non formés les pensées ou concepts qui surgissent dans votre tête en cours de méditation.

Au cours de cette étape vous devez reconnaitre la présence des pensées qui surgissent constamment dans votre tête et les laisser s'évanouir à l'horizon de votre conscience. Sans vous laissez affecter ou capturer par les pensées qui passent. Dès que vous réalisez que vous êtes distrait par une pensée, reconnaissez sa présence et laissez la s'évanouir puis revenez à la méditation tout doucement sans tension.

3ᴱ ÉTAPE

Pratiquer l'art de laisser l'esprit assumer son état naturel de quiétude absolue, non affecté par le processus distrayant des pensées en émergence et en immersion.

Vous expérimentez quelques secondes de silence, puis soudain les pensées s'élèvent et vous envahissent. Dès que vous vous rendez compte que vous avez perdu votre concentration, il vous faut sans irritation, sans impatience, tout simplement revenir au silence en concentrant de nouveau l'attention sur votre respiration, et ainsi de suite. Avec le temps les périodes de silence se prolongeront, la paix et l'harmonie seront de plus en plus présentes, et vous connaîtrez des moments inoubliables de paix et de calme inaccessibles dans notre monde en effervescence. Cette période est connue sous le nom de «balancier», le temps où la conscience passe par ces étapes de conscience et de distraction l'une après l'autre. Il faut revenir au centre et le meilleur moyen est de recentrer l'attention sur la respiration. Recommencer le décompte d'une respiration confortable, puis d'une expiration confortable en gardant l'attention rivée sur le cycle, sans penser, sans analyser.

Dans la chanson du MahaMudra composée par le grand sage Indien Tilopa qui est à la source de l'enseignement du MahaMudra au Tibet et encore aujourd'hui l'un des sages les plus respectés en Inde et au Tibet, il est dit ceci : «Ne fais rien de ton corps, si ce n'est relaxer, ferme fermement la bouche et demeure silencieux, vide ton esprit de toute pensée. Tout comme le bambou creux qui se plie à tout vent laisse ton corps se détendre totalement. MahaMudra (méditation) est comme la pensée d'un enfant qui n'essaie pas de comprendre ou d'analyser ce qu'il expérimente mais qui ne fait qu'observer et s'émerveiller devant le déploiement intérieur. La méditation est l'attention qui ne s'attache à rien. Et ce faisant, tu atteindras la compréhension de toute chose.»

Attention : Il est important dans ces moments de fixation de l'attention intense de s'assurer de ne pas devenir l'objet de l'observation ou de la fixation. Il faut que la conscience demeure éveillée, alerte à tout ce qui se passe sans pour autant en devenir l'esclave, sans s'identifier à ce qui se passe. Le niveau de conscience, d'éveil se doit de demeurer neutre et libre de toute attache, de tout lien. La conscience ne fait qu'observer, rien d'autre, pas d'analyse, pas d'évaluation.

Il est reconnu que l'absence de formulation de la pensée entretient le calme corporel et mental, et donc favorise la méditation (silence).

LA MÉDITATION EN BREF

> *Contempler l'essence du vrai exige le port de verres correcteurs que seule la méditation peut offrir.*
>
> *Précepte de la méditation*

1. Détendre le corps et l'esprit par une respiration contrôlée et en détendant les muscles du corps.
   État de calme
2. Fixer l'attention sur une seule chose, respiration, point, son (mantra), etc.
   État de méditation
3. Atteindre le silence intérieur grâce à la fixation de l'attention sur une seule chose.
   État de quiescence
4. Contemplation de l'unité et finalement de la vérité.
   État de compréhension

AUTRES FORMES DE MÉDITATION

> *«Ne pensez pas, n'imaginez pas, n'analysez pas, ne réfléchissez pas, gardez votre esprit dans son état naturel, sans distraction aucune.»*
>
> *Tilopa*

Il existe plusieurs formes de méditation et les différentes écoles vous conseilleront d'utiliser telle ou telle méthode pour arriver à vos fins.

En fait la méditation a un seul but qui est de développer la puissance mentale nécessaire à la fixation de l'attention sur une seule chose (respiration, objet, parole, son, etc . . .) à l'exclusion de toute autre sans analyse. La méditation doit permettre à l'attention de rester neutre, sans attache, observatrice en son entier, sans être affectée par les pensées qui continuent indéfiniment de se former et de se déformer, d'apparaître et de disparaître en arrière-plan.

Si la forme de méditation que vous pratiquez ne vous mène pas à votre objectif, il vous faut essayer une autre forme de méditation. Mais la méditation sera toujours ce qu'elle est, la recherche du « silence intérieure ».

De plus, ne laissez personne vous imposer quoi que ce soit. N'écoutez pas les charlatans qui tentent de vous convaincre d'une chose ou d'une autre concernant la méditation. Vous êtes maître de votre destinée, maître de vos décisions et maître de votre devenir. Toute forme de méditation se pratique librement sans aucune contrainte. Le méditant se doit d'être libre d'expérimenter lui-même les énoncés de toute personne qui lui prodigue des conseils ou toute autre forme d'enseignement. Dans le cas contraire cherchez ailleurs l'enseignement que vous désirez.

Il y a les petits maîtres qui tentent de vous vendre ce qu'ils croient être leur vérité et il y a les grands maître qui vous conseillent comment expérimenter votre propre vérité. Choisissez un grand maître si vous sentez le besoin d'en avoir un.

PATIENCE

> «*C'est seulement à travers la patience et le silence ultime que la vérité descendra en toi.*»
>
> *Parole de Padma Sambhava à un de ses disciples.*

Il existe plusieurs méthodes de méditation, mais il n'existe pas beaucoup de qualités pour parvenir au but fixé. Et la plus importante d'entre elles est la persévérance. C'est là la qualité que doit cultiver celui ou celle qui désire réussir là où des milliers ont confronté l'échec. Dans le silence l'observateur attend patiemment que les pensées se lassent, que l'attention devienne immunisée contre leur attraction.

Le pratiquant ne doit pas se fatiguer et perdre patience, il doit rester souple et attentif sans rigidité, tout en souplesse. Une pensée apparaît, il la regarde et la laisse poursuivre son chemin jusqu'à ce qu'elle disparaisse à l'horizon de sa conscience sans l'affecter. Le pratiquant doit réaliser que le travail de méditation, spécialement au début, est long et difficile, mais qu'il doit persister pour atteindre ce qu'il recherche.

Celui qui pratique la méditation avec ferveur et foi atteindra la vérité, rien ni personne ne peut lui dénier ce résultat.

C'est souvent dans les moments les plus critiques, quand la volonté tend à faiblir, que se produisent les plus grandes révélations. Il ne faut jamais abandonner, il faut reprendre la position, fermer le volet de ses sensations et ouvrir l'œil intérieur qui a la capacité de tout voir, même l'invisible.

Observez sans cesse pour voir un jour la lumière éclairer le monde de l'ombre et de la confusion.

EXPÉRIENCES

LES EXPÉRIENCES DE LA MÉDITATION

COUPURE DES PENSÉES

> *«Couper une pensée à la racine au moment exact où instantanément elle apparaît, où elle émerge.»*
>
> *Le sentier nirvanique*

Cette première étape vous permettra de comprendre le fonctionnement de votre cerveau, donc de l'émergence et de l'immersion des pensées.

En pratiquant la méditation telle que décrite ci-dessus, en vous concentrant sur votre respiration et en comptant vos respirations de façon appropriée, il vous faudra essayer d'effacer toute pensée qui se présentera à votre esprit.

Vous respirez en comptant et tout à coup, Pof! Une pensée apparaît, vous en prenez conscience et vous l'éliminez, puis vous reprenez votre exercice.

Cet exercice vous permet d'être témoin donc de voir les pensées apparaître dans votre tête puis de réaliser leur disparition dans le vide.

LE PROCESSUS DE PENSÉE

«*Le processus de pensée est la réaction mécanique normale de l'esprit au travail quand il réagit aux stimuli aléatoires internes ou externes.*»

Précepte de la méditation

Toute pensée, toute formation d'image ou de parole mentale est due à l'interaction des synapses de notre cerveau entre eux ou avec les stimuli externes. Quand nous ne nous concentrons pas sur une idée particulière qui nécessite un travail cérébral intense, il se produit sans notre consentement des interactions bioélectriques entre les synapses de notre cerveau qui donnent naissance aux pensées.

Il est donc évident que lorsque nous relâchons notre garde et que nous laissons le cerveau agir à sa guise il engendre automatiquement et à l'infini des pensées qui proviennent du processus interne ou des stimuli externes, et qui ne sont pas voulues ni désirées.

Étant donné que nos expériences présentes et passées sont emmagasinées dans notre cerveau, un déclenchement bioélectrique qui touche une synapse particulière activera le souvenir qui se rattache à cette synapse. C'est ce qui fait qu'en cours de méditation, tout à coup, il vous vient une pensée «il faut que j'achète du pain avant de rentrer à la maison» ou encore «je dois rencontrer un tel ce soir à 18h00», etc . . . Ce genre de pensée est illimité et elles apparaîtront l'une après l'autre dans votre tête sans que vous ne fassiez rien, et cela indéfiniment.

Prise de conscience : Les pensées émergent de mon cerveau et s'y immergent sans ma volition. Les pensées sont donc des éléments étrangers au «MOI».

L'INDIFFÉRENCE AUX PENSÉES

> «*L'indifférence aux pensées. Les laisser suivre leur cours sans tomber sous leur influence et sans essayer de leur faire obstacle. La méditation peut donc se poursuivre normalement.*»
>
> *Le sentier nirvanique*

Il est évident qu'en méditant et en effaçant toute pensée qui fait surface dans votre tête, vous réaliserez rapidement que nous n'avons aucun contrôle sur l'émergence et l'immersion de nos pensées. Le seul pouvoir que nous avons est de les ignorer si nous le désirons.

Nous entrons donc dans une nouvelle étape. Au cours de la méditation basée sur le compte des respirations et la prise de conscience du souffle qui entre et qui sort des poumons, nous expérimentons l'apparition et la disparition de diverses pensées non désirées.

Notre rôle consiste alors à observer toute pensée émergente sans s'y laisser prendre, sans l'analyser ou la qualifier, seulement l'observer, puis la laisser s'immerger dans le vide duquel elle provient.

Cet exercice s'appelle l'indifférence aux pensées. Elles sont là, elles apparaissent et disparaissent sans influencer le degré d'attention sur la respiration.

Il est alors possible de comparer les pensées à des oiseaux ou des nuages qui passent au firmament de notre conscience. Un oiseau apparaît, je le regarde et le laisser poursuivre son vol jusqu'à sa disparition au-delà de l'horizon. La distraction ne me touche pas, mon niveau d'attention est stable, la conscience observe sans analyser.

Prise de conscience : Il est possible d'ignorer les pensées et de devenir l'observateur de leur danse.

LA GRANDE COUPURE

«Garder l'esprit séparé des pensées tels les deux bouts d'une corde rompue repose sur l'indomptable résolution de demeurer alerte et non distrait.»

Le sentier nirvanique

Après avoir expérimenté l'impossibilité d'éliminer les pensées, parce que l'énergie utilisée pour la faire disparaître engendre d'autres pensées qui ne sont pas produites consciemment, vient ensuite le moment de l'indifférence aux pensées, qui peuvent accomplir leur danse sans influencer le degré d'attention fixée sur la cible. Il reste une dernière étape qui déterminera la réussite ou l'échec de l'aventure de la méditation.

Après être devenu très familier avec le processus des pensées, après avoir pris conscience de leur provenance et de leur destination, après avoir réalisé que l'élimination des pensées ne fait que créer d'autres pensées, et que le fait de les ignorer ne les empêche pas de se former, vient alors le moment de les ignorer totalement.

Le méditant prend une décision finale et irréversible, la GRANDE COUPURE. Le sage Naropa rappelait que cette action était comme rompre une corde. Comme le bout de corde rompue est séparé de l'autre bout, l'observateur est étranger aux pensées qui se déroulent en lui.

L'observateur (vous) n'observe plus, l'observé (vous) n'existe plus, L'esprit alors repose dans son état de tranquille passivité. Rien ne l'altère, rien ne le distrait il EST. VOUS ÊTES!!! Car là est le MOI réel.

Alors, et seulement alors est atteinte la fixation de l'attention sans faille, la quiétude.

Saraha, brahmine de naissance en Inde et maître de méditation, décrit cet état comme suit : «l'art de garder l'esprit exempt de toute fonction mentale, l'acte est similaire à la cassure d'une corde».

Prise de conscience : La tranquillité dans l'absence de pensée

---

SILENCE

> *«Le silence possède la caractéristique de ce qui existe réellement, de ce qui n'est pas lié au rêve ou à la fiction.»*
>
> *Précepte de la méditation*

Le fait de réaliser le silence en cours de méditation, veut dire que vous avez analysé le fait de ne pas penser (l'analyse est un processus de pensée). Dès que vous réalisez quelque chose vous cessez de méditer. La méditation est absente de réalisation, la méditation n'est qu'observation.

Donc dès que vous réalisez une telle chose il faut refixer votre attention sur la respiration pour poursuivre la méditation.

Le processus de méditation par la technique de la fixation de l'attention sur la respiration doit se faire sans effort, doucement et naturellement.

Il faut suivre le cheminement du souffle qui entre par le nez, passe par les poumons supérieurs puis par les poumons intermédiaires pour descendre jusqu'au diaphragme, alors le souffle pousse le ventre légèrement vers l'extérieur, pour ensuite faire le chemin inverse et sortir des poumons par le nez.

Le rythme du souffle qui entre et qui sort, le soulèvement et l'affaissement de la poitrine, font partie d'un tout sous observation et non sous analyse.

La paix et le silence s'installent dans ce que l'on appelle le refuge intérieur (état de quiétude). Ce lieu où rien n'y personne ne peut vous atteindre. Là, dans cet endroit où vous seul avez accès.

Prise de conscience : Une prise de conscience détruit la vérité de la réalité.

PRISE DE CONSCIENCE

> *«En état de quiétude le pratiquant transcende sa personnalité, et sa conscience microcosmique brise ses liens et se réunifie à la conscience macrocosmique universelle.»*
>
> *Samaddhi Yoga*

Une prise de conscience n'est pas facile à décrire car en réalité elle se produit à la frontière de l'espace-temps que nous connaissons, juste entre le silence du vide et la conscience analytique. Une prise de conscience survient la plupart du temps dans un état de méditation profonde. Au moment de son apparition au firmament de notre vide intérieur il n'y a pas de sensation et il n'y a pas de prise de conscience comme telle, puisque pour prendre conscience que quelque chose se passe il nous faut mettre en marche le processus d'analyse qui permet d'identifier et de classer ce qui se passe, ce qui n'est plus de la méditation mais un état d'évaluation et d'analyse.

Donc, nous prenons conscience d'une prise de conscience au moment où le processus entre en jeu et analyse ce qui se passe. La compréhension que nous pouvons dériver de l'expérience se fait à ce moment exact de prise de conscience, car cet état ne peut durer puisque l'analyse qui s'ensuit est basée sur la dualité de notre monde bipolaire et détruit toute forme de réalité. La prise de conscience survient juste un instant avant le début de l'analyse, juste avant l'identification entre le vide et la conscience.

Je vais essayer dans les lignes qui suivent de vous donner un aperçu de ce que l'on ressent lors d'une prise de conscience. «Je suis en méditation profonde, ce qui veut dire que je ne suis plus en contact avec mon corps, et que je ne suis plus en contact avec le monde extérieur. Le silence est entier, ma conscience (non analytique) existe en suspension dans ce vide et ce silence qu'est l'état de la méditation profonde (état de quiétude). C'est le refuge, cet espace sans frontière où rien n'existe si ce n'est que la conscience, une conscience non consciente d'être. Une conscience qui EST.

Puis tout à coup il y a comme une illumination, une prise de conscience que je suis l'univers, que l'univers est en moi, que tout est en parfait équilibre, que tout est bien. Je suis envahi d'une chaude empathie pour tout ce qui existe. Je suis rempli de bonheur et de bien-être. Je sais que je comprends la création, cette illusion que nous croyons réalité et qui émerge de la conscience universelle qui n'est autre que nous tous unifiés. Cette expérience ne dure que quelques secondes juste avant que le processus de pensée n'entre en action. Car le seul fait que je me rende compte de ce qui se passe veut dire que le système analytique est en marche. Et c'est à partir de ce moment que je peux observer le travail de l'analyse qui détruit toute la pureté, la réalité, la sérénité du moment en essayant et en réussissant à analyser ce qui s'est passé, à classer le tout dans un casier quelconque dans mon cerveau. Tout au long de ce processus je peux ressentir la vérité, la réalité s'effriter, devenir banale, perdre sa lumière, sa magie et devenir ordinaire et bipolaire.»

Voilà, une prise de conscience est un instant au cours duquel nous réussissons à saisir l'essence de la création et à reconnaître la beauté incommensurable de son unité. C'est un moment où il nous est possible de nous rendre compte que nous sommes tous UN et indivisibles.

TOLÉRANCE

> «*Quand une jeune fille enceinte accusa Maître Hakuin Ekaku d'être le père de l'enfant, devant les parents accusateurs il répondit «Ha bon!». Quand le bébé vint au monde il le prit sous sa protection et le traita avec amour comme s'il était son enfant jusqu'au jour où la jeune fille confessa à ses parents qu'elle avait menti. Quand les parents vinrent s'excuser, demander son pardon et reprendre l'enfant, Hakuin dit «Ha bon!»»*
>
> *Jon Winokur*

Le monde en général n'est pas d'accord avec ce que fait ou croit le reste du monde. Les gens veulent changer leurs voisins pour qu'ils agissent comme eux, pour qu'ils pensent comme eux. La moitié de l'humanité veut dominer l'autre moitié. Personne ne croit que l'autre fait bien, tout le monde critique et est déçu par les agissements de ses semblables.

La méditation vous apportera la tolérance, parce qu'elle vous permettra de comprendre que rien n'est vraiment mal et que rien n'est vraiment bien, chacun a sa propre version de ce qui devrait être pour le moment correct ou incorrect.

Celui qui pratique la méditation regarde autour de lui et voit la nature qui ne comporte rien qui puisse être défini comme bien ou mal. Tout arrive comme il se doit, tout est en équilibre. Tout est action et réaction.

La méditation permet d'accepter ce qui est et ce qui arrive et ouvre le chemin de nouvelles compréhensions. Elle permet de ne pas accepter ou réfuter quoique ce soit, mais de voir les choses pour ce qu'elles sont dans toute leur nudité. La méditation permet d'accepter le monde matériel pour ce qu'il est, tel qu'il est, le reflet de l'esprit individuel sur la surface de la mer infinie de l'esprit universel.

La méditation permet de mieux comprendre le monde et de tolérer nos semblables plus facilement.

Quand une personne est capable de se regarder dans le miroir du vide infini, elle comprend que rien dans l'univers ne peut être étranger et que tout repose sur la même fondation universelle.

Un seul coup d'œil sur le vide nous apprend que nous sommes tous UN dans notre monde d'illusions et de désillusions.

Le pratiquant pose son regard sur son intérieur pour réaliser qu'il n'est que le reflet de son voisin et que son voisin n'est autre que lui-même.

À partir de cet instant il devient facile d'être tolérant, car il est toujours facile d'être tolérant envers soi-même et le monde entier devient ce que nous sommes. Le TOUT en MOI et MOI dans le TOUT!!!

PROBLÈMES

DISTRACTION

> «Quand l'attention est sous le contrôle des pensées elle vagabonde dans toutes les directions.
>
> Quand elle est libérée, elle demeure tranquille et immobile.»
>
> Le sentier nirvanique

La distraction ne peut provenir que d'une source—**Faiblesse de concentration.** Mais attention, il ne faut pas croire que renforcer l'attention implique un effort physique quelconque. Cela n'a rien à voir.

Solution 1 : Renforcer la fixation de l'attention sur la respiration et son cheminement. Utiliser un aide à la concentration, un objet si la respiration n'est pas suffisante. Il est possible que l'utilisation d'un mantra puisse vous aider à conserver votre niveau d'attention. Il en revient à vous d'analyser et de trouver la méthode de méditation qui vous convient le mieux.

Solution 2 : Il ne faut pas interférer avec les pensées en émergence. Il ne faut pas essayer de les contrôler d'une façon ou d'une autre. Elles doivent voguer au firmament de votre vide intérieur sans vous affecter, sans nuire à votre niveau d'attention sur votre respiration. Elles émergent du vide et s'immergeront dans le vide sans influence sur vous.

FATIGUE (SOMMEIL)

> «Si la fatigue vous touche, levez les yeux et regardez au loin sans vous laisser distraire.»
>
> *Le sentier nirvanique*

Nous parlons ici de fatigue qui est due au travail, stress, responsabilité ou manque de sommeil, et à la fatigue causée par la fixation de l'attention sur une seule chose.

Il est évident que les causes de fatigue énumérées ci-dessus affecteront la qualité de votre concentration. Donc assurez-vous que vous n'êtes pas trop fatigué avant de commencer à méditer.

La fatigue causée par la méditation provient souvent d'une position trop confortable ou trop inconfortable, du manque d'attention, ou de trop de distractions.

Solution : Fixer un point au loin, redresser le corps en position assise en équilibre qui favorise l'éveil et l'attention.

HALLUCINATIONS

> *«Toute image ou forme n'est qu'expression du mental, l'esprit ne dépend pas de la forme et est donc vide de nature.*
>
> *Mais même vide il manifeste toute chose.»*
>
> Le vœu de MahaMudra

Rappelons-nous que toute pensée, toute image, toute idée, toute analyse est produite dans notre univers bipolaire, par le biais de notre processus de pensée, donc biaisée. Toute hallucination fait donc partie du bagage illusoire dans lequel nous vivons et ne comporte aucune forme de réalité. L'hallucination est basée sur l'analyse et la compréhension des phénomènes que nous percevons.

Donc tout ce que nous pouvons percevoir en méditation doit être ignoré. Car dès qu'il y a perception il y a analyse bipolaire.

Seul le vide est réalité et seul le vide peut engendrer la vérité (réalité) mais dès l'instant où nous percevons que nous avons compris quelque chose, ou vu quelque chose, il nous faut réaliser que cette compréhension, cette vision est due à une analyse et prise de conscience. Dès lors la perception est contaminée et ne représente plus la réalité pure.

Une prise de conscience ne dure donc que l'instant premier de la réalisation, puis tout ce qui s'ensuit n'est qu'analyse et classement qui font partie du monde bipolaire et illusoire.

Solution : Demeurer indifférent à toute manifestation mentale en cours de méditation et conserver un état d'attention sans faille.

ANALYSE

> *«N'imaginez rien, ne pensez pas, n'analysez pas, ne réfléchissez pas.*
>
> *Conservez l'esprit dans son état naturel.»*
>
> *Tilopa*

Il est facile de tomber dans le piège de l'analyse car notre vie entière est basée sur cet exercice. L'analyse fait partie du monde bipolaire et ne peut en aucun cas apporter de résultat positif en cours de méditation et permettre d'atteindre le but ultime. L'analyse est en fait l'intellectualisation d'une expérience, donc une interprétation basée sur des données erronées puisqu'elles font partie du monde illusoire de l'interprétation.

Toute analyse effectuée à partir de données fausses ne peut apporter la vérité. Les données de l'analyse ne peuvent provenir que de notre expérience passée et présente et ces expériences ont déjà été l'objet d'une interprétation basée sur un passé intellectualisé qui repose sur un passé antérieur également intellectualisé et ainsi de suite.

Il faut donc éviter d'analyser quoi que ce soit, il suffit d'observer sans analyse. Il est permis d'identifier sans classer. Nous devenons des observateurs et des observés. Et quand l'observateur et l'observé se fondent en une seule entité, le but (si but il y a) est atteint.

Prise de conscience : L'analyse est illusoire et porteuse de résultats erronés.

MOT DE LA FIN

VOTRE SAGESSE N'EST PAS CELLE D'UN AUTRE

> *«Ne pensez pas au passé. Ne pensez pas au futur. Ne pensez pas que vous êtes en train de méditer. Ne considérez pas le vide comme s'il n'était rien.»*
>
> *Le sentier nirvanique*

Il est très important se réaliser que votre sagesse n'est pas celle des autres. Nul ne peut vous apporter la sagesse. La sagesse est une affaire personnelle qui est développée individuellement. Elle ne vient pas de l'extérieur, elle vient du dedans et il est possible de la développer en méditant.

Ce qui ne veut pas dire que vous ne pouvez pas vous faire aider, chercher conseil auprès de celui ou de ceux qui ont déjà effectué des expériences plus poussées que les vôtres. Prenez et acceptez les conseils, mais une fois seul il vous faut les expérimenter, chercher à en faire vous-même l'expérience, à en faire votre vérité et non pas les accepter sans les mettre à l'essai.

Il n'existe qu'un seul maître et il réside en vous!

LA MÉDITATION EST UNE TECHNIQUE DE RÉSOLUTION DE PROBLÈMES

> *«Au début le pratiquant ressent que son esprit tourbillonne comme une chute d'eau, à mi-parcours il s'écoule comme une rivière tranquille, à la fin c'est un vaste océan où la lumière du positif et du négatif fusionne en une seule.»*
>
> *Tilopa*

La méditation, en fait, est une technique qui permet au pratiquant de résoudre ses problèmes personnels. La méditation permet de poser un regard détaché sur nos problèmes de tous les jours et nous fait comprendre qu'ils n'ont que l'importance que nous leur donnons.

Celui qui est capable de faire abstraction de ses pensées n'a plus de problèmes, ceux-ci sont automatiquement relayés dans un autre monde. À la sortie de méditation les problèmes ont perdu beaucoup de la charge émotive qui les dramatisait et il est alors possible de les confronter avec beaucoup plus de confiance et de les résoudre.

La méditation permet d'atteindre un détachement des choses de ce monde sans pour autant couper le pratiquant de ce qui est considéré comme important ou nécessaire.

LES RAISONS DE LA MÉDITATION

> *«Après avoir difficilement obtenu un corps libre, il serait regrettable de gaspiller sa vie en poursuites inutiles.»*
>
> *Précepte yogique*

Il serait possible d'énumérer des milliers de raisons pour méditer, autant physiologiques, mentales que spirituelles, mais il n'en reste pas moins que vivre et d'en faire bénéficier le genre humain est la première étape tandis que la pratique de la méditation et la découverte de la réalité est la deuxième selon La voie du silence de H. P. Blavatsky, tirée du livre des Préceptes d'or.

**Méditez pour n'importe quelle raison,
MAIS MÉDITEZ!**

Sherrington
Le 7 mars 2012

L'auteur vit aujourd'hui dans le paisible village de Sherrington en Montérégie, Québec, Canada en compagnie de son épouse. Julien écrit et sculpte ce que lui inspire la méditation

BIBLIOGRAPHIE

Découvertes à travers la méditation (du même auteur)
Trafford Publishing 2011

Zen to go
Penguin Books Canada Limited, Markam, Ontario 1989

Guide pratique de la méditation
Édition Arista, Paris, France 1992

Tibetan Yoga and Secret Doctrines
Oxford University Press, London, Royaume-Uni 1960

Teaching of Tibetan Yoga
University Book, New York, États-Unis 1963

À PROPOS DE L'AUTEUR

Au cours de sa carrière Julien Bouchard a parcouru pendant près de 45 ans des dizaines de pays en Asie méridionale, Moyen-Orient, Afrique, Amérique du Sud, Amérique centrale, etc. Tous ces voyages, en plus d'être effectués à des fins professionnelles, étaient également prétextes à recherche philosophique et spirituelle, en Inde et dans le nord du Népal particulièrement.

En plus d'étudier plusieurs civilisations et religions, il a dirigé des dizaines de projets de grande envergure qui employaient des centaines, voire des milliers de personnes. Il profitait de ces périodes privilégiées pour étudier le comportement de ses semblables ainsi que les siens face à la vie de tous les jours et à une variété de situations problématiques et conflictuelles.

À ses débuts, dans ses temps libres, il fréquentait les ashrams de l'Inde et les lamaseries du nord du Népal où il reçut certaines initiations philosophiques bouddhistes. Il recherchait intensément une méthode simple, la méthode de méditation la plus pure et la moins altérée par le temps et les gens. Pour cela il a dû effectuer des recherches qui l'ont amené à remonter dans le temps et finalement, lors d'un voyage dans le nord du Népal, il rencontra un moine ermite, maître de l'école Kagyütpa (un adepte de la succession apostolique). L'enseignement de ce guide reposait sur le MahaMudra (le Grand Symbole). Une des plus anciennes et des plus pures formes de méditation connues à ce jour. Elle aurait été énoncée par un sage Indien du nom de Saraha dès le premier siècle avant J.-C., et même à cette époque le Grand Symbole était déjà très ancien selon le sage Tilopa de qui nous tenons quelques textes qui datent des environs du 11e siècle après J.-C.

Le Grand Symbole a été exporté en Chine en provenance l'Inde dès le 1er siècle après J.-C., où cette discipline a pris le nom de Chan, puis fut exportée au Japon où on la connaît sous le nom de Zen. Bien sûr le Chan et le Zen sont des disciplines basées sur le Grand Symbole, mais qui ont subi au cours des temps beaucoup de modifications et d'édulcorations. Le Grand Symbole est donc l'ancêtre du Chan et du Zen.

C'est après toutes ces années de recherche et de méditation que Julien a écrit ce livre décrivant une méthode de méditation simple et efficace pour notre époque et qui peut s'adapter à toute personne désirant la pratiquer, tout en tentant d'altérer le moins possible la pureté de l'enseignement du maître Kagyütpa.

Il ne demande pas au lecteur de croire ou d'accepter ce qu'il énonce dans les pages qui précèdent, bien au contraire. «Le chercheur se doit d'être critique, de questionner et de ne croire que ce qu'il expérimente lui-même.»

«La méditation est le plus bel outil jamais donné au monde. Celui qui s'en sert peut abolir toutes les limites du monde créé et percer le voile de l'illusion pour enfin percevoir ce que sont réellement notre monde et notre raison d'être dans cette grande machine cosmique.»

«Dans le silence, l'esprit repose dans son état naturel, et dans cet état il communique directement avec sa source. Dans le silence, la vérité se fait connaître.»

«Je souhaite au lecteur un bon voyage sur la voie de l'ultime vérité, celle qui vient comme un éclair et qui illumine le chercheur. »